성경은 과연 믿을 만한가?

: 성경을 믿어야 하는 일곱 가지 이유

어윈 루처 저 | 프리셉트성경연구원 편

ERWIN W. LUTZER

Seven Reasons Why YOU CAN TRUST THE BIBLE

This book was first published in the United States by Moody Press
with the title of **Seven Reasons Why You Can Trust the Bible,**
Copyrigth 1998 by the Moody Bible Institute of Chicago.
Translated by permission.

Korean Edition

8-1, Cheongnyongmaeul-gil, Seocho-gu, Seoul, Korea

린과 세이 후시에게,

하나님의 말씀을 믿고 의지하는 한

주님의 제자로서 신실한 삶을 살게 될 것입니다.

"주의 율례들을 즐거워하며

주의 말씀을 잊지 아니하리이다"

(시 119:16)

서문

장차 일어날 일을 정확하게 내다보는 것이 예견이다. 다윈의 친구인 생물학자 헉슬리(T. H. Huxley)는 1890년에 이미 "앞으로 사람들은 저마다 옳다고 생각하는 것을 자유롭게 믿을 것이다"라고 예견하였다. 물론 그 당시에도 사람들은 자유롭게 생각하고, 무엇이든 믿을 수 있었다. 그러나 그때나 지금이나 자신이 믿는 '신앙'에 대해 진지하게 생각해보는 사람은 그리 많지 않다. "당신이 믿는 종교는 과연 진리입니까?"라고 묻는 사람이 아무도 없는 상황에서 새로운 종교가 우후죽순처럼 생겨나고 있는 것이 오늘날의 실정이다. 헉슬리가 예견했던 시대가 실제로 도래하고 만 것이다.

저명 인사와의 대담 기사나 신문 사설, 종교와 철학 분야의 베스트 셀러 서적을 읽어보면, 제각기 자신의 사상이나 믿음을 자유롭게 토로하고 있음을 알 수 있다. 자신의 믿음이나 주장이 옳다고 여기는 사람은 다른 사람이 보기에 그것이 비논리적이고 맹신에 지나지 않는다 할지라도 전혀 개의치 않는다. 그 사람에게 있어서 중요한 것은, "이것이 내게 무슨 의미를 지니느냐?" 하는 가치관의 문제일 뿐이다. 오늘날은 '주관적 믿음'이 판 치고 있는 시대이다.

19세기의 프랑스 역사가이자 정치학자인 토크빌(Alexis de Tocqueville, 1805-1859)은 미국에 갔을 때 보고 깨달은 사실에 대해 이렇게 증언하였다. "미국인들 중에도 객관적 사실을 외면한 채 주관적 견해만을 고집하는 사람들이 있었다.…그들은 우주 만물의 기원에 대해 밝혀 주고 있는 성경의 진리를 외면하고 있었다." 이미 19세기의 상황이 그러하였으니, 오늘날의 상황에 대해서는 굳이 언급할 것이 없다. 무엇이든 진리라고 여기면 그 사람에게는 진리로 고착되는 것이 현실이다.

기독교회가 현대인들에게 기독교 신앙에 대한 확신을 심어주지 못하고 있는 이상, 교회의 앞날은 그리 밝지 못하다. 사람들은 지난날 기독교 신앙의 진리 안에서 누리던 참된 자유를 점차 상실하고 있다. 현대인들은 인본주의 사고가 세상을 지배하는 시대에 살고 있다. 이런 시대 사조에 맞서기 위해서는 하나님이 우리에게 흑암의 세계에 광명한 빛을 비추는 '진리의 말씀'을 주셨음을 명심해야 한다. 프란시스 쉐퍼(Francis Schaeffer)가 말했듯이 오직 철저한 성경적 견해만이 '상대론적 사고'의 강력한 공격을 막아낼 수 있다.

기성 세대들은 비록 성경을 믿지 않고 그 말씀대로 살지 않았을지라도 적어도 성경을 존중하는 문화권 속에 태어나 생활하였다. 그때에는 성경이 '하나님의 말씀'이라는 사실을 부인한 사람들조차 성경이 '진리의 말씀'이란 사실을 인정하였다.

그러나 오늘날의 상황은 전혀 다르다. 현대인들은 성경이 '하나님의 말씀'임을 믿지 않을 뿐만 아니라 누가 무엇을 믿든 상관하지 않는다. 저마다 자유롭게 자신의 생각과 신념을 토로하면서 진실과 거짓을 가려내려 하지 않는 것이 현대인들의 일반적인 모습이다. 누구나 자신의 의견을 내세울 수 있으며, 모든 주장이 다 '옳다'고 하는 불합리한 관념이 현대인들을 지배하고 있다.

현대인들은 하나님이 천지를 창조하셨다고 하는 성경의 가르침을 신화로 간주하면서 엉뚱한 곳에서 존재의 기원에 대한 해답을 찾느라 분주하다. 우리가 그들에게 "오직 성경에서 그 답을 찾을 수 있다"라고 말하면 그들은 우리를 불쌍히 여기면서 시대에 뒤떨어진 고지식한 사람으로 간주한다.

오늘날 기독교회와 그리스도인들이 싸워야 할 전투는 영적인 것이지, 단순히 사회 도처에 만연된 음란물을 퇴치하고 잘못된 교육 제도를 바로잡는 정도의 도덕적인 싸움이 아니다. 이 시대의 타락상은 현대인들이 다음과 같은 질문에 대해 더 이상 관심을 기울이지 않고 있음을 보여주는 징후에 불과하다. '하나님은 죄인인 인간이 주님과 화목할 수 있는 길을 계시해 주셨는가? 정말로 옳고 그름을 판단할 수 있는 객관적 기준이 있는가? 객관적 사실에 입각한 것이므로 누구든지 확신할 수 있는 참된 신앙이 있는가? 달리 말해, 하나님이 우리에게 계시하신 진리가 있는가?'

본서는 성경을 믿을 수 있는 일곱 가지 이유에 대해 설명하기 위하여 집필되었다. 성경이 하나님의 진리의 말씀인 이상 현재의 종교적, 도덕적 위기에 대처할 수 있는 희망은 있다. 그러나 그렇지 않다면 불행하게도 보편적 진리를 발견할 수 없다고 하는 현대인들의 절망에 공감할 수밖에 없다. 우디 알렌(Woody Allen)은 현대인들에게 다음과 같은 조언을 들려주고 있다. "현대인들은 역사상 그 어느 때보다 심각하게 갈림길에 직면해 있다. 한쪽 길은 우리를 생명으로 인도하고, 다른 한쪽 길은 멸망으로 인도한다. 그러므로 지혜롭게 올바른 선택을 할 수 있도록 기도해야 한다. 나는 현대인들이 위기 상황에 처해 있음을 확신하기 때문에 이런 말을 하는 것이다."[1]

기독교 신앙을 믿는 그리스도인들은 이 세상에 복된 소식을 전해야 한다. 우리

1) Woody Allen, "Adrift Alone in the Cosmos", *New York Times*, 10 August 1979.

는 모두가 절망하고 있는 이 시대에 희망의 메시지를 전하도록 부름받았다. 우리는 어두움에 빛을 밝히는 진리의 말씀을 위해, 필요하다면 기꺼이 고난을 감내해야 한다. 성경에 대한 확신이 없는 한 점점 짙어지는 영적 어두움에 맞설 수 없다. 프란시스 쉐퍼는 몇 년 전에 이미 이런 경고를 하였다. "기독교회가 진리를 진리로 선포하지도, 수호하지도 못하는 것은 복음의 위기이다. 오늘날 '적당히 타협하고 세상 풍조에 순응하는 것'이 결코 잘못된 것이 아니라고 여기는 사상이 팽배해 있다. 이런 와중에서 세상 풍조와 타협하는 교회가 점차 늘어나고 있다."[2]

이 책을 탐독하는 것은 진리를 탐구하기 위해 여행을 떠나는 것과 같다. 지금까지 성경을 가르치고, 증거하며, 비록 불완전하지만 성경 말씀대로 살려고 노력해 왔다. 어릴 적부터 성경이 하나님의 말씀임을 확신하였기 때문에 그 말씀을 즐겨 암송하였다. 성경의 진리를 부인하는 사람들이 부지기수인 상황에서 먼저 여러분 자신부터 성경이 하나님의 말씀임을 확신해야 한다. 하나님은 우리에게 진리를 계시하셨다. 우리는 현재 문자로 기록된 성경 말씀, 곧 인격적인 하나님이 우리에게 전해 주신 사랑의 편지를 갖고 있다.

자, 이제 우리 함께 진리를 탐구하는 여행을 떠나자. 정말로 하나님이 우리에게 계시하셨는가? 우리가 갖고 있는 성경이 '하나님의 말씀'이라고 믿을 수 있는 확실한 근거가 있는가?

이제 그 증거를 찾아보기로 하자.

2) Francis A. Schaeffer, *The Great Evangelical Disaster*(Westchester, Ill.: Crossway, 1984), 37.

차례

성경을 대하는 자세

서론

0

"제게 말씀하옵소서!" 스웨덴의 영화 감독인 잉그마르 베르히만(Ingmar Bergman)은 유럽의 한 성당 안에서 그리스도의 초상 앞에 선 채 이렇게 부르짖었다. 그러나 그의 계속된 절규에도 불구하고 쥐죽은 듯이 고요한 침묵만이 성당 안을 감돌았다.

베르히만은 이러한 체험에 입각해 하나님을 발견하려고 발버둥치다가 낙심한 사람들에 대해 묘사한「침묵」(Silence)이라는 영화를 제작하게 되었다. 그는 외부 세계인 우주로부터 우리에게 들려오는 소리라고는 없으며, 하나님이 분명한 음성으로 말씀하시기를 기대할 때 우리가 접하게 되는 것이라곤 오직 정적뿐이라고 말하였다.

잉그마르 베르히만과 마찬가지로 하나님이 우리에게 아무런 말씀을 하시지 않는다고 주장한 친구가 있었다. 내가 그에게 성경은 기록된 하나님의 말씀이라고 증거하였을 때, 몹시 흥분한 그는 이런 질문을 했었다. “성경을 믿으라고? 성경은 인간이 기록한 책에 불과한데 어떻게 그 내용을 믿을 수 있다는 거지?”

이 친구의 질문이 전혀 이해되지 않는 것은 아니었지만, 그가 성경을 믿으려면 우선 그의 태도부터 바뀌어야 한다는 생각이 들었다. 왜냐하면 그는 단지 성경을 믿지 못하는 것이 아니라 아예 믿으려 하지 않았기 때문이다.

사람들이 성경을 기록된 하나님의 말씀으로 믿지 않는 이유는 무엇일까? 현대인들은 제각기 구미에 맞는 종교를 신봉하면서 여러 종교들 간에 별다른 차이점이 없다고 생각한다. 수많은 종교가 있으므로 누구든지 마음에 드는 것을 골라 믿기만 하면 된다. 그들은 성경이 다른 모든 종교 사상과 교리의 허구성을 드러내 주는 유일한 기준이라고 하는 주장을 독선으로 간주한다.

이런 현실에도 불구하고 기독교 신앙이야말로 특별한 계시 종교임을 강조하지 않을 수 없다. 기독교는 자연주의 종교와 구분된다. 힌두교, 불교 등은 종교 지도자들의 주관적 사상에 입각해 창시된 자연주의 종교이지만, 기독교는 하나님이 계시하신 진리에 입각한 계시 종교이다.

이 세상에는 하나님으로부터 계시를 받았다고 주장하는 비기독교 예언자들이 있다. 마호메트(Mohammed), 메리 베이커 에디(Mary Baker Eddy), 요셉 스미스(Joseph Smith) 등은 하나님이 자신을 통해 말씀하셨다고 주장하였다. 이들의 주장에 혼란스러워하며, 진리에 대한 탐구를 포기한 채 참된 종교 지식에 이를 수 있는 객관적이고도 올바른 길이 없다고 단정하는 사람들도 생겨났다.

이와 관련해 하나님으로 말미암는 계시는 일관성이 있으며, 확실하고 진실한 것임을 명심해야 한다. 누구든지 하나님이 말씀하셨다고 주장할 경우, 그 신빙성에 대해 면밀히 조사할 필요가 있다.

기독교는 하나님이 자신에 대해 계시하셨으며, 그 말씀을 인간의 언어로 기록한 것이 성경이라고 주장한다. 성경은 인간의 감각을 초월하는 형이상학적 문제들에 대해 언급하고 있다. 성경은 우리에게 하나님, 하나님과 이 세상의 상관 관계에 대한 특별한 정보를 제공해준다. 우리는 성경에서 인간의 존재 근원과 삶의 목적 등에 대한 해답을 발견하게 된다. 성경이 하나님의 말씀인 이상 우리는 "성경이 이야기하는 것은 곧 하나님이 말씀하시는 것이다"라고 주장할 수 있다.

성경에 기록된 교훈들이 우리의 절대적 도덕 기준이 된다는 사실만으로도 우리는 그것이 하나님의 말씀임을 분명히 알 수 있다. 철학자 루드위그 위트겐스타인(Ludwig Wittgenstein)은 비록 성경을 믿지 않았지만 유한한 존재인 인간들 중에는 도덕적으로 완전한 사람이 있을 수 없다고 주장하였다. 그는 이 세상에 완전한 윤리 규범이 존재한다면 그것은 '우주의 독립적 존재'가 우리에게 준 것으로 보아야 한다고 말했다. 계속된 그의 주장이다. "인간이 정말로 완전 무오한 윤리서를 집필할 수 있다면, 그 책은 이 세상에 존재하는 모든 책들을 무가치하게 만들고도 남을 것이다."[1] 나는 본서에서 성경이야말로 하나님, 인간, 구원, 영원, 도덕성 등에 관해 언급하고 있는 믿을 만한 책임을 논증하려 한다. 성경을 탐독해보면, 그것이 이 세상에 존재하는 모든 책들을 무가치하게 만들고도 남는 '기록된 하나님의 말씀'임을 알 수 있다.

성경은 다음과 같은 물음들에 대해 답하고 있다. '과연 사후 세계가 존재하는가? 그곳은 어디인가? 우리는 하나님과 더불어 영생을 누릴 수 있는가? 사후 세계는 이 세상에서의 삶보다 더 영광스러운 것인가? 인간이 이 세상을 사는 동안 기쁜 일은 물론 슬픈 일도 겪게 되는 까닭은 무엇인가? 하나님은 과연 인간을 사랑하시는가? 자연 재해나 인간이 겪는 여러 가지 비극들은 결국 하나님이 인간에 대해 무관심하거나 무자비한 분이시라는 증거가 아닌가?'

1) Ludwig Wittgenstein, "Wittgenstein's Lecture on Ethics", *Philosophical Review* 74(1965): 7.

하나님은 침묵하고 계시고 인간은 광대한 우주에 떠 있는 티끌에 불과한 지구에 살고 있는 유한한 존재일 뿐이라면, 우리는 우주 자체에서 존재 의의를 발견하기 위해 최선을 다해야 할 것이다. 하지만 이 세상을 둘러볼 때 결국 깨닫게 되는 것은 무엇인가? 모든 인간은 죽어서 무덤에 묻힐 뿐이고, 이 세상에 영존하는 것은 하나도 없음을 깨닫고서 "세상 모든 것은 무의미하다"라고 한 무신론자 버트란드 러셀(Bertrand Russell)의 말에 동의하게 될 것이다. 자신의 존재 의의를 발견하지 못한 채 방황하고 있는 현대인들에 대해 우디 알렌은 이렇게 논평했다. "현대인들에게는 정신적 지주가 없다. 그들은 단지 우주 속에 표류하고 있는 존재에 불과하다."

초인(超人) 사상으로 히틀러에게 지대한 영향을 끼친 독일의 철학자 프리드리히 니체(Friedrich Nietzsche)는 이렇게 반문했다. "우리는 하나님을 살해했다. 그러나 누가 우리 손에 묻은 피를 씻어 줄 것인가?" 정말로 하나님이 존재하시는지 안 하시는지 알 수 없다면, 우리의 죄에 대한 해결책과 존재 의의에 대한 해답은 찾을 수 없을 것이다.

그러나 정말로 하나님이 우리에게 말씀하고 계시다면 그분의 말씀을 청종해야 한다. 만일 성경이 진리라면 그 말씀은 캄캄한 지하실을 밝히는 등불처럼 우리를 영생에 이르는 길로 인도할 것이다.

본서의 집필 목적

나는 하나님이 우리에게 인간의 언어로 기록된 계시를 남겨주셨다는 사실을 믿는 이유에 대해 밝히기 위하여 이 책을 집필하였다. 즉, 성경이 하나님의 말씀이라고 하는 기독교 신앙의 근거를 제시하려 한다. 우리는 성경 자체에서 이

같은 근거를 찾을 수 있다.

여러분이 이미 성경을 믿고 있다면, 성경은 여러분의 믿음을 더욱더 견고하게 뒷받침해 줄 것이다. 여러분이 아무런 편견 없는 회의론자라면, 인류 역사에 지대한 영향을 미친 성경은 성경에 대한 여러분의 생각을 변화시켜 줄 것이다.

성경이 하나님의 말씀이란 사실을 증명할 수 있는가? 이에 대한 대답은 '객관적 증거'란 무엇을 뜻하느냐에 좌우된다. 그리고 아무리 많은 증거가 있다 할지라도 그것을 받아들이기 위해서는 '믿음'이 요구된다. 이에 관해 1장 특주(p.50)에서 보다 자세히 다루었으니 참조하라.

며칠 동안 프랑스와 스위스 변경의 몽블랑을 여행하고서 돌아온 친구가 있었다. 그는 몽블랑을 바라볼 수 있는 멋진 집에 머무는 동안 그 집 창문이 열리는 것을 한 번도 보지 못했다면서 그 이유에 대해 궁금해 했다. 이와 마찬가지로 성경이 아무리 주목할 만한 가치가 있는 책이라 하더라도 관심을 보이지 않는 한, 그 책은 굳게 닫혀 있는 창문과 같을 것이다. 성경을 믿든 믿지 않든 일단 관심을 기울여보라. 그리하면 활짝 열린 창문을 통해 집안을 들여다볼 수 있듯이 그 책의 내용이 무엇인지 알 수 있을 것이다.

성경의 권위를 부정하는 오늘날의 '시대 정신'에 맞서 성경의 진실성을 더욱 확신하기 위해서는 그 근거에 대해 살펴볼 필요가 있다. 이미 성경을 사랑하고 있는 사람은 더욱더 성경을 사랑하도록, 그리고 무슨 이유에서든 성경을 믿지 않는 사람은 하나님이 우리에게 진실한 계시의 말씀을 주셨다는 사실을 확신할 수 있도록 기도한다.

이 책에서는 성경을 믿을 수 있는 일곱 가지 이유에 대해 설명하려 한다. 이외에도 논증해야 하는 다른 많은 이유들이 있지만, 우선적으로 다루어야 한다고 생각되는 것들만을 선정하였다. 이 책의 주요 내용은 다음과 같은 질문들에 대한 답변으로 이루어져 있다.

- 성경이 하나님의 말씀이라는 주장은 불합리하지 않은가?
  어떠한 근거로 그런 주장을 하는 것인가?
- 성경에 기록되어 있는 역사적 사건들을 믿을 수 있는가?
- 성경에 기록되어 있는 기적들을 믿을 수 있는가?
- 사해 사본이 왜 그토록 중요한가?
- 성경의 예언들을 믿을 수 있는가?
- 예수 그리스도의 제자들이 그분에 대한 이야기를 날조한 것은 아닐까?
- 성경에 기록된 내용은 과학적 사실과 모순되지 않는가?
- 정경은 누가, 언제 확정하였는가?
- 도마복음(the gospel of Thomas)과 그 외의 외경들은 믿을 만한가?
- 성경은 경외서들에 대해 뭐라고 언급하는가?
- 성경을 연구하면 어떠한 유익을 얻을 수 있는가?

이상의 질문들에 대한 답을 하나하나 구해보자. 하나님에게서 기원한 유일무이한 책이 곧 성경이라는 사실을 확신하는 이유에 대해 알고 나면 놀라지 않을 수 없을 것이다. 세상의 다른 종교들과는 달리 기독교는 하나님에게서 기원한 경전을 갖고 있다. 인격적이신 하나님만이 우리의 삶을 돌아보며 책임지실 수 있음을 기억하라.

미국의 법률가이자 판사인 올리버 웬델 홈즈(Oliver Wendell Holmes, 1841-1935)의 말에 무조건 동감하지는 않지만 그가 진리에 대해 한 말만은 귀 기울일 가치가 있다. "진리는 강하다. 진리는 손대면 터지는 거품과 같지 않다. 마치 축구공을 차듯이 하루 종일 공박하더라도 진리는 결코 쇠하지 않는다."[2)]

2) John Ankerberg and John Weldon, *Ready with an Answer*(Eugene, Oreg.: Harvest House, 1977), 67에 인용되어 있음.

성경이 초자연적 계시인지 아닌지 그 증거를 찾기 위해 이제 함께 탐구 여행을 떠나도록 하자. 그 증거를 찾아 면밀히 조사하고 공정하게 평가하자. 나는 성경이 진리의 말씀이므로 이 세상 끝 날까지 영존할 것이라고 확신한다.

성경의 이중 기원

신학자들은 성경이 하나님의 말씀이라고 주장하는데, 그 의미는 무엇인가? 이 말을 하나님이 성경 기자들에게 자신의 말씀을 한 자 한 자 일러 주어 정확히 받아 적게 하셨다는 의미로 이해하는 사람들이 많다. 이것은 성경 기자가 유능한 필사자처럼 단지 하나님이 받아 적으라고 하신 말씀을 수동적으로 기록한 사람에 불과하다는 견해이다.

그러나 성경이 하나님의 말씀이라고 하는 것은 그런 의미가 아니다. 분별력이 그리 뛰어나지 못한 독자라 할지라도 성경을 대하면 성경 기자들마다 각기 다른 문체와 문학 구조, 문법을 구사하였음을 알 수 있다. 이러한 차이점은 히브리어와 아람어, 헬라어로 기록된 원어 성경에서 보다 분명히 드러난다.

사도 바울은 성경을 기록하면서 마치 논리 정연한 논문을 쓰듯 자신의 기쁨과 실망, 분노 등을 솔직히 표현하였다. 마가 또한 예수님의 생애에 대해 기록하면서 주님이 지금도 우리 곁에서 역사하고 계시는 것처럼 현재 시제를 즐겨 사용하였다. 그가 사용한 헬라어는 세련되지 못하고 문법적으로도 틀린 부분이 있는데, 이것은 평소의 언어 습관이 그대로 반영되었기 때문으로 이해된다. 신약 기자들이 구약을 그대로 인용하지 않고 이따금 부연 설명한 경우도 있다. 심지어는 전염병에 걸려 죽은 자들의 수에 대해서도 정확한 숫자가 아닌 대략의 숫자를 언급한 성경 기자도 있다.

하나님은 적어도 세 가지 방식으로 성경 기자들을 들어 쓰셨다. 첫째, 자신이 알고 있는 사실을 기록한 성경 기자들이 있다. 예를 들면, 누가는 다른 증인들과 마찬가지로 예수님의 생애에 대해 기록하기 앞서 자세히 연구 검토하였다. "*3그 모든 일을 근원부터 자세히 미루어 살핀 나도 데오빌로 각하에게 차례대로 써 보내는 것이 좋은 줄 알았노니 4이는 각하가 알고 있는 바를 더 확실하게 하려 함이로라*"(*눅 1:3-4*). 심지어 그는 그리스도의 생애와 사역에 대해 기록할 때, 자신이 거룩한 성경을 기록하고 있다는 사실조차 자각하지 못했을 것이다. 그는 다만 자신이 목격하고 조사한 것을 사실대로 기록하였을 뿐이다.

둘째, 하나님이 성경 기자들로 하여금 그들 각자가 사용하고 있는 문체로 성경을 기록하도록 하셨다는 확신을 그들에게 심어준 경우도 있다. 예를 들면, 바울은 자신의 독특한 문체를 자유롭게 구사하면서 교리적 문제에서부터 개인적 문제에 이르기까지 다양한 내용들을 기록하였다. 그는 디모데후서에서 자신이 영원 전부터 우리를 알고 계시는 하나님의 은혜에 입각해 말한다고 언급한 후(딤후 1:9), 이어서 개인적 당부도 기술하였다. "*네가 올 때에 내가 드로아 가보의 집에 둔 겉옷을 가지고 오고 또 책은 특별히 가죽 종이에 쓴 것을 가져오라*"(*딤후 4:13*). 하나님은 바울의 문체와 관심거리, 그의 능력을 사용해 자신의 말씀을 기록하도록 하셨다.

셋째, 하나님이 성경 기자들에게 말씀하신 것을 정확히 받아 적도록 한 경우도 있다. 모세가 "*너는 나 외에는 다른 신들을 네게 두지 말라*"(*출 20:3*)는 하나님의 말씀을 기록하였을 때, 그 자신의 독특한 문체가 가미될 여지는 전혀 없었다. 선지자들이 하나님으로부터 한 자 한 자 계시의 말씀을 받은 경우가 있다면, 그들 자신의 말로 그 메시지를 기록한 경우도 있다. 그러나 하나님이 그들로 하여금 들은 바를 그대로 받아 적게 하신 경우는 드물고 대개의 경우 그들의 고유한 문체를 사용해 그 말씀을 기록하도록 하셨다.

일반 학자들은 이런 성경에 대해 어떻게 규정하고 있을까? 하나님이 초자연적 방법으로 자신을 계시하셨다고 하는 사실을 부정하는 자연주의자들은 성경이 단순한 인간의 저작에 불과하다고 주장한다. 이들은 인간이 하나님에 대해 갖고 있던 관념들을 글로 기록한 것이 곧 성경이라고 말한다. 그리고 성경에 나오는 이적들을 신화로 간주한다. 이들은 성경이 단지 인간의 저작에 불과함을 거듭 강조한다. 한편으로는 사람의 관심을 끄는 사실적 내용이 담겨 있지만, 또 한편으로는 지루하고 잘못된 내용이 담겨 있는 성경은 성경 기자들이 하나님의 계시라고 믿은 것들을 기록한 책에 불과하다고 주장한다. 자연주의자들은 성경 기자들이 성경을 기록하였다고 하는 사실만을 중시한 탓에 그 신적 기원을 간과하고 말았다.

근본주의자들과 일부 복음주의자들 또한 극단적인 주장을 펼치고 있다. 이들은 성경이 하나님의 말씀이라는 사실이 부인될까 두려워하여 성경에 대한 역사적, 비평적 분석 작업을 한사코 기피하고 있다. 이들은 성경 기자들이 마치 속기사처럼 하나님이 하신 말씀을 한 자 한 자 수동적으로 받아 적었다고 주장한다. 이들은 성경이 하나님의 말씀이라는 사실을 변호하기 위해 그 신적 기원만을 강조한 채 성경 기자들의 역할을 무시하였다.

성경의 이중 기원을 인정할 때 상반된 극단적 견해들을 모두 극복할 수 있다. 성경은 하나님의 책인 동시에 인간의 책이다. 하나님은 성경의 기록 과정을 주관하시고 자신의 뜻을 계시하셨다. 성경 기자들은 이 계시를 인간의 언어와 각자의 문체를 사용해 기록함으로써 다음 세대들도 하나님의 말씀을 접할 수 있도록 하였다.

그런데 어떤 학자 중에는 성경이 하늘로부터 떨어진 것이 아니라 실수를 범할 수밖에 없는 인간에 의해 기록된 것이기 때문에 그 내용에서 오류가 발견된다고 주장하는 이들도 있다. 이러한 주장은 전능하신 하나님의 능력을 무시한 데서 비롯된 것이다. 하나님은 성경 기자들에게 영감을 주셔서 그들로 하여금 자신의 계시를 정확하게 기록하도록 역사하셨다.

인간은 실수를 범하기 쉬운 존재이나 그럼에도 불구하고 정확한 기록을 남길 수 있다. 예를 들면, "윈스턴 처칠은 영국 수상이었다"라고 하는 문장은 누구나 정확하게 옮겨 적을 수 있다. 성경의 경우도 마찬가지로 성경 기자들은 역사, 신학, 과학적 내용들을 정확하게 기록하였다. 실수를 범할 수 있는 인간이 무오한 기록을 남긴 것이다.

그리스도께서 신성과 인성을 지니셨듯이 성경은 이중 기원을 갖고 있다. 기독교 신학자들은 완전한 하나님이자 완전한 인간이셨던 그리스도의 인격 안에는 신성과 인성이 연합하여 공존하였다고 주장한다. 그리스도께서 완전한 인간이셨지만 죄가 없으셨듯이, 성경은 인간이 기록한 것이지만 무오하다.

자유주의 신학자들은 그리스도의 신성을 부인한 채 그분의 인성만을 강조한다. 장거리 여행에 지친 주님이 우물가에 앉아 쉬고 계시던 모습을 보라. 배 밑창에 누워 주무시고 계시던 주님과 *"내가 목마르다"(요 19:28)*라고 부르짖으신 주님을 보라. 그들은 그리스도께서 위대한 박애주의자이시긴 했지만, 우리와 다름없는 연약한 인간에 불과했다고 주장한다.

흥미롭게도 초대교회 당시 정반대의 극단적인 주장을 펼친 자들도 있었다. 그들은 그리스도의 인성을 부인한 채 그분의 신성만을 강조하였다. 그들은 하나님이 인간이 되신다고 하는 것은 곧 인간의 불완전함을 받아들이게 되는 것으로 여겼다. 그러므로 그들은 그리스도께서 단지 인간이 되신 것처럼 보였을 뿐이라고 주장하였다.

그리스도의 신성을 부인하는 자들에게는 그분의 인성이 걸림돌이 되듯, 성경의 신적 기원을 부인하는 자들에게는 성경 기자들이 성경을 기록하였다고 하는 사실이 걸림돌이 된다. 성경은 그리스도께서 완전한 하나님이자 완전한 인간이셨음을 증거하고 있다. 그분은 피곤해 하시고, 곤혹스러워하시며, 겟세마네 동산에서 고통스러워하시던 바로 그 순간에도 하나님이셨다. 그리고 "*아브라함이 나기 전부터 내가 있느니라*"(요 8:58)고 말씀하시던 때에도 그분은 여전히 인간이셨다. 이와 마찬가지로, 성경은 하나님의 책인 동시에 인간의 책이라는 사실을 인정해야 한다.

이제 성육신하신 말씀인 그리스도와 글로 기록된 말씀인 성경의 유사점에 대해 살펴보자.

■ 영원성

- 그리스도: "*태초에 말씀이 계시니라 이 말씀이 하나님과 함께 계셨으니 이 말씀은 곧 하나님이시니라*"(요 1:1).
- 성경: "*여호와여 주의 말씀은 영원히 하늘에 굳게 섰사오며*"(시 119:89).

■ 성령의 역사

- 그리스도: "*천사가 대답하여 이르되 성령이 네게 임하시고 지극히 높으신 이의 능력이 너를 덮으시리니 이러므로 나실 바 거룩한 이는 하나님의 아들이라 일컬어지리라*"(눅 1:35).
- 성경: "*예언은 언제든지 사람의 뜻으로 낸 것이 아니요 오직 성령의 감동하심을 받은 사람들이 하나님께 받아 말한 것임이라*"(벧후 1:21).

■ 인성과 무오함

- 그리스도: "*우리에게 있는 대제사장은 우리의 연약함을 동정하지 못하실 이가 아니요 모든 일에 우리와 똑같이 시험을 받으신 이로되 죄는 없으시니라*"(히 4:15).

• 성경: "성경은 폐하지 못하나니"(요 10:35).

■ **유일무이한 권위**

• 그리스도: *"뭇 사람이 그의 교훈에 놀라니 이는 그가 가르치시는 것이 권위 있는 자와 같고 서기관들과 같지 아니함일러라"(막 1:22).*

• 성경: *"하늘이여 들으라 땅이여 귀를 기울이라 여호와께서 말씀하시기를" (사 1:2).*

그리스도는 '하나님의 말씀'으로도 불리셨다. 요한은 재림 주 그리스도에 대해 이렇게 묘사하였다. *"또 그가 피 뿌린 옷을 입었는데 그 이름은 하나님의 말씀이라 칭하더라"(계 19:13).* 성육신의 비밀을 완전히 이해하기란 어렵듯이 성경 영감설을 분명히 이해하기도 쉽지 않다. 그러나 하나님이 자신을 낮추어 인간이 되셨듯이, 하나님은 우리에게 하나님의 책이자 인간의 책인 성경을 주셨다.

익명의 시인이 성경을 찬미한 시가 있다.

> 하나님의 포도나무처럼
> 그 뿌리를 땅에 깊이 내리고 있는
> 지극히 인간적이지만 하나님으로 말미암은
> 하나님과 인간이 함께 피운 꽃이 있네.

우리는 이 책에서 성경 기자들이 하나님의 말씀을 인간의 언어로 기록한 것이 성경이란 사실을 뒷받침해주는 여러 증거들을 살펴볼 것이다. 이 같은 증거들을 통해, 하나님이 평범한 사람들에게 영감을 주셔서 매우 특별한 책을 기록하게 하셨다는 사실을 담대히 선언하자.

나는 성경 원본이 무오한 하나님의 말씀임을 믿는다. 이 말이 뜻하는 바가 무엇인가?

첫째, 성경에는 오류가 없음을 의미한다. 역사가는 하나님의 특별한 영감을 받지 않고도 로마 역사를 정확하게 기록할 수 있다. 그러나 성경은 정확할 뿐만 아니라 여느 책과 달리 '하나님의 감동'으로 기록되었다. 즉, 성경은 신적 권위를 지니고 있다.

둘째, 성경은 성령의 감동으로 기록된 책임을 의미한다. 사람들은 소설이나 시를 읽고서 감명 받으며, 간접적으로 새로운 세계를 경험한다. 그러나 '성경 영감설'은 그 이상을 뜻한다.

성경에는 레위기처럼 읽기 지루하고 우리에게 아무런 감동을 주지 못하는 부분도 있다. 그렇다고 해서 성경이 하나님의 말씀이란 사실을 부인할 수 있는 것은 아니다. '성경이 재미있으며 감동적인 책이냐' 하는 것은 그리 중요한 문제가 아니다. 우리가 근본적으로 제기해야 할 물음은 '성경이 과연 하나님의 진리의 말씀이냐' 하는 것이다.

셋째, 성경은 신학 교리뿐만 아니라 과학과 역사적 내용까지도 영감되었음을 의미한다. 그러나 성경은 기독론(Christology)만 영감되었을 뿐, 그 밖의 내용들에는 모순과 오류가 많다고 주장하는 학자들이 있다.

그러한 주장은 일반 상식적으로도 터무니가 없다. 성경의 역사적 사실과 교리적 내용은 불가분의 관계에 있다. 예를 들면, 그리스도의 부활은 역사적 사건인 동시에 신학적 사건이다. 성경의 역사적 사실을 믿지 못하는 사람이 어떻게 신학적 사실은 믿을 수 있겠는가? 성경에 기록된 '이 땅의 사건들'을 믿는 사람만이 그 책에 기록된 '하늘의 사건들'도 믿을 수 있다.

넷째, 성경의 글자 한 자 한 자가 모두 중요하다는 사실을 의미한다. 일부 학자들처럼 성경의 내용은 영감되었지만 글자 한 자까지 모두 영감된 것은 아니라고 주장해선 안된다. 언어 분석학자들은 정확한 글자만이 정확한 의미를 전달할 수 있다고 말한다. 이는 곧 부정확한 글자는 잘못된 의미를 전달할 수 있음을 뜻한다. 주님은 이렇게 말씀하셨다. "*진실로 너희에게 이르노니 천지가 없어지기 전에는 율법의 일점 일획도 결코 없어지지 아니하고 다 이루리라*"(마 5:18).

하지만 성경 기자들이 제각기 그 의미를 드러내기에 적확(的確)한 단어들을 자유롭게 구사하였음을 잊어서는 안 된다. 그들은 동일한 사건에 대해 증거하면서도 각자 다른 단어를 사용하였다. 마태는 그리스도께서 물 위를 걸어오시자 제자들이 보인 반응을 묘사할 때, '경배하다'는 의미의 헬라어 '프로스큐네오'(proskuneo)를 사용하였다(마 14:33). 반면 마가는 동일 사건을 기록하면서 '놀라다'는 의미의 '엑스테미'(existe¯mi)를 사용하였다(막 6:51). 두 단어는 그 의미가 서로 다르지만 모두 정확한 의미를 전달하고 있다.

따라서 성경 기자들이 녹음기와 달리 단어를 한 자 한 자 받아 적은 것이 아니라 사건의 요지만을 정확하게 기록한 경우가 많음을 알 수 있다. 성경이 무오하다는 것은 이처럼 성경 기자들이 내용을 충실히 기록하였음을 의미하는 것이지 모든 글자를 한 자 한 자 그대로 받아 적은 것을 의미하는 것이 아니다.

아울러 우리는 비록 부정확하지만 사실적인 글도 있음을 기억해야 한다. 트리니티 인터내셔널 대학의 웨인 그루뎀(Wayne Grudem) 교수는 "우리 집은 우리 사무실에서 그리 멀지 않다"라는 문장을 예로 들면서, 이것은 부정확한 말이지만 100% 사실적인 내용을 담고 있음을 지적하였다. 이와 마찬가지로 우리는 성경에서 정확한 숫자가 아닌 개략적인 숫자가 언급되어 있는 경우를 간혹 볼 수 있다.

또한 성경 기자들이 과학적 문제를 언급하면서 문학적 표현을 사용한 경우도 있다. 코페르니쿠스가 소위 '일출'이라고 하는 것은 지구가 태양을 향해 약간 기울어 있기 때문에 생기는 현상이라고 설명한 것과는 달리, 성경 기자들이 '해돋이'라는 단어를 사용했다고 해서 그들이 틀렸다고 공박할 수는 없다. 그들은 단지 일상적인 용어를 사용했을 뿐이다. 그러므로 성경에 '해돋이'라는 단어가 나와 있다고 해서 성경 자체가 '태양이 지구 주위를 돈다'라고 가르치는 것은 아니다.

다섯째, 성경 무오설은 구약과 신약 기자들이 양피지에 기록한 성경 원본에 관한 것임을 의미한다. 오늘날 우리가 갖고 있는 성경은 사본의 사본들이므로 필사 과정에서 본문에 오류가 발생했을 가능성이 있다.

성경 원본이 더 이상 존재하지 않는데도 성경 무오설을 주장하는 것이 여전히 의미가 있는가? 그렇다. 의미가 있다. 성경 원본이 무오하였다는 것은, 곧 원본을 정확하게 복원할 수 있음을 의미한다. 지난날 성경 필사자들은 사본을 만드는 과정에서 신중에 신중을 기하였고, 오늘날 본문 비평학자들이 성경을 낱낱이 분석한 덕분에 현재 우리가 갖고 있는 성경은 원본을 그대로 반영한 것임을 확신할 수 있다. 그리고 우리가 소유하고 있는 성경이 바로 '하나님의 말씀'이라고 담대히 선언할 수 있다.

어느 한 학교 교사가 미국 대통령이 서명해 보낸 친서를 받았다고 가정하자. 그녀는 몹시 흥분하여 그 편지를 공개하면서 학생들에게 편지 내용을 노트에 한 자 한 자 받아 적게 하였다. 그런데 불행히도 그 편지를 분실했기 때문에 학생들의 노트를 토대로 편지 내용을 복원하게 되었다. 이때 그녀는 한 학생이 두 단어를, 다른 학생은 한 문장을, 또 다른 학생은 제일 마지막 문장의 한 단어를 잘못 받아 적었음을 발견하였다. 그렇지만 그들의 노트가 대통령의 친서 내용을 복원할 수 있는 귀중한 자료란 사실을 부인할 사람은 아무도 없다. 다만 그 편지는 대통령의 친서이기 때문에 단어 하나까지도 정확하게 복원하기 위해 보다 세심한 주의가 요구될 뿐이다.

히브리어 구약 성경과 헬라어 신약 성경의 본문 여백에는 매 페이지마다 본문의 변화를 일러 주는 많은 각주가 수록되어 있다. 이러한 각주들은 여러 번역본들에서도 간간이 찾아볼 수 있다. 과거에 서기관들은 성경 원본을 신중하게 필사하였으며, 이런 사본에 기초해 또 다른 사본들이 만들어졌다. 이렇게 하여 히브리어나 헬라어 사본들 외에 다른 언어로 번역한 번역본들도 생겨났다. 수 세기가 지난 오늘날 이 세상에는 기록 연대나 정확도가 제각기 다른 수천 종의 성경 사본과 번역본들이 있다. 이러한 사본과 번역본들에서 서로 다른 많은 차이점들을 발견할 수 있는데 대개의 경우는 철자가 잘못되었거나 어휘 순서가 바뀐 것들이다.

다행스럽게도 이러한 변화들에 대해 신중하게 분석하고, 연구하며, 평가하는 작업이 이루어지고 있다. 그러나 신학적 문제에 결정적 영향을 미치는 본문상의 변화는 아직 발견되지 않고 있다. 복음주의 신학자들은 현재 우리가 갖고 있는 성경 내용이 원본의 내용과 일치하다고 주장한다.

고고학적 발굴, 사해 사본과 같은 고대 성경 사본들의 발견, 성경 본문 비평 덕분에 우리는 현재 소유하고 있는 성경 내용이 원본의 내용과 일치하다는 사실을 이전 세대보다 더욱더 확신할 수 있다. 필사상의 사소한 실수를 인정하더라도 현재 우리가 갖고 있는 성경이 '하나님의 말씀'이란 사실을 결코 부정할 수는 없다.

팩커(J. I. Packer)는 이런 말을 하였다. "내가 만일 마귀였다면 나는 제일 먼저 사람들이 성경을 탐구하지 못하도록 방해했을 것이다.…그리고 그들이 탐닉하여 헤어나지 못하도록 할 수 있는 온갖 대응물을 도처에 늘어놓았을 것이다."[3] 그러나 다행스럽게도 마귀는 우리가 성경을 탐구하는 것을 방해하지 못한다.

성경은 우리에게 복된 약속을 들려 주고 있다. "*1 복 있는 사람은 악인들의 꾀를 따르지 아니하며 죄인들의 길에 서지 아니하며 오만한 자들의 자리에 앉지 아니하고*
2 오직 여호와의 율법을 즐거워하여 그의 율법을 주야로 묵상하는도다
3 그는 시냇가에 심은 나무가 철을 따라 열매를 맺으며 그 잎사귀가 마르지 아니함 같으니 그가 하는 모든 일이 다 형통하리로다"(시 1:1-3).

로버트 채프먼(Robert Chapman)의 글에서 인용한 글은 다소 길지만 정독할 가치가 있다.

> "성경은 하나님의 천지 창조, 인간의 타락, 구원에 이르는 길, 죄인의 운명, 성도의 행복에 관해 증거하고 있다. 성경의 교리는 거룩하며, 그 교훈은 구속력이 있고, 그 역사는 진실하며, 그 판단은 결코 변하지 않는다. 성경을 읽는 자는 지혜로워지며, 그것을 믿는 자는 안전해지고, 그것을 실천하는 자는 거룩해질 것이다. 성경에는 당신의 앞길을 밝혀 주는 빛과 굶주림을 해결해 주는 양식, 기쁨을 안겨 주는 위로가 담겨 있다. 성경은 여행자들의 지도, 순례자들의 지팡이, 항해사들의 나침반, 군인들의 무기, 성도들의 삶의 좌표이다. 성경을 통해 천국 문이 열리며, 지옥 문이 닫힐 것이다. 성경의 주제는 그리스도이며, 그 동기는 우리의 유

3) J. I. Packer, Introduction to *Knowing Scripture*, by R. C. Sproul(Downers Grove, Ill.: InterVarsity, 1979), 9.

익을 위한 것이고, 궁극적인 목적은 하나님의 영광이다. 성경은 당신의 심중을 헤아리며, 발걸음을 인도할 것이다.

날마다 성경을 묵상하라. 그러면 그것이 당신의 부의 원천과 기쁨의 샘물이 될 것이다. 성경은 당신에게 영생을 제공하고, 영벌의 심판을 면하게 하며, 하나님 나라에서 영원토록 기억되게 해줄 것이다. 그러나 성경을 무시하며 함부로 대하는 자들은 반드시 정죄당할 것이다."[4)]

성경은 물음에 답하는 책이지 의문을 야기하는 책이 아니다. 성경은 만족할 만한 해답을 찾지 못하고 있는 인생의 근본 문제들에 대한 답을 제시해 준다. 하나님은 진지하게 진리의 발자취를 좇는 자들을 축복하실 것이다.

유명한 설교가인 조지 휫필드(George Whitefield)는 이렇게 말했다. "하나님이 우리를 사랑하셔서 계시의 말씀을 주셨는데도 사람들은 그 말씀을 읽으려 하지 않는다. 성경을 읽어야 하나님의 구원 은총을 깨달을 수 있는데, 그 말씀을 읽는 자들이 그리 많지 않다." 하나님이 읽으라고 주신 사랑의 편지가 우리 앞에 놓여 있다. 그러므로 우리가 할 일은 그 책을 펼쳐 경건한 마음으로 묵상하는 것이다.

볼테르(Voltaire)는 한 세대가 지나기 전에 성경이 시대에 뒤떨어진 진부한 책이 되고 말 것이라고 단언했다. 그러나 그가 죽은 후, 제네바 성서 공회는 그의 집을 매입해 유럽 전역에 성경을 보급하는 전초 기지로 삼았다. 우리가 목격하고 있듯이 성경은 한 시대와 더불어 사라져 버리지 아니하고 지금도, 그리고 앞으로도 영원히 그 생명력을 발휘할 것이다.

4) Labib Mikhail, *Islam, Muhammad and the Koran*(Published by the author), 53–54에 인용되어 있음.

프랑스에는 그리스도를 위해 순교한 위그노 교도들의 기념비가 세워져 있다. 그 기념비에는 어떠한 비평에도 굴하지 않고 능히 모진 풍파를 이겨낼 수 있는 책이 바로 성경임을 고백하는 글이 새겨져 있다.

> 거듭나지 못한 자들이 연신 망치질을 해대지만
> 그들의 망치가 부서질지언정 하나님의 모루는
> 든든히 서 있으리라.

성경은 혹독한 비난자들의 비평을 능히 견뎌낼 수 있을 만큼 강하다. 성경은 우리의 의문을 해소해주고, 그 책에 기록된 말씀이 '하나님의 말씀'임을 확신시켜 준다. 자, 이제 우리 함께 이 세상에서 가장 특별한 책인 성경을 탐구하는 여행을 떠나도록 하자. 여러분의 궁금증과 의문점은 무엇인가? 이제 성경에서 그 해답을 찾아보자.

• 성경의 내적 증거 •

논리적 이유

1

성경은 그 자체가 '하나님의 말씀'이라고 증거하기 때문에 하나님의 말씀이다.

철학 교수인 나의 친구는 이에 대해 이렇게 논박했다. "이런 주장이야말로 전형적인 순환 논리이다. 그리스도인들은 단지 그러하리라고 믿는 바를 주장하고 있을 뿐이다." 그는 신문 칼럼에서 "성경 기자들이 성령의 영감을 받은 자들이므로 성경은 하나님의 말씀이다"라고 주장한 한 그리스도인의 글을 읽었다. 그는 그 글에 대해 "이것은 마치 '나는 진리를 말하고 있기 때문에 내가 당신에게 하는 말은 진리이다'라고 주장하는 것과 같다"라고 비평했다. 그러면서 그리스도인들이 조금만 더 사리분별력이 있다면 이와 같은 터무니없는 주장은 하지 않을 것이라고 말했다.

내 친구의 논박과 비평은 과연 정당한 것인가? 물론 성경은 그 자체가 '하나님의 말씀'이라고 증거하기 때문에 하나님의 말씀이라는 주장은 비논리적으로 보인다. "당신은 왜 생면부지(生面不知)의 사람의 말을 믿습니까?"라는 질문에 대해 "저는 그가 자신이 어떤 사람인지 털어놓았기 때문에 그의 말이 진실하다고 믿습니다"라고 대답한다면, 이는 분명 터무니없을 것이다. 마찬가지로, 성경이 그 자체에 대해 증거하는 바를 액면 그대로 받아들이는 것 역시 비논리적으로 보인다. 어떤 낯선 사람이 해안에 상륙했는데 우리가 그의 출신 배경, 국적 등에 대해 아는 것이 별로 없다고 가정해보자. 우리는 그를 이해하기 위해 전문가를 불러 그의 옷차림과 외모, 그리고 그가 타고 온 뗏목 등을 면밀히 조사하고 분석하도록 할 것이다. 다행히도 그 낯선 사람이 우리말을 할 줄 안다고 가정하자. 그러면 그를 이해하기 위해서는 대화를 나누는 것이 가장 효과적일 것이다. 그러나 그의 말이 일관되고, 그의 말을 뒷받침해주는 객관적인 증거가 있어야만 비로소 그의 말이 진실하다고 인정할 것이다.

다시 한 번, 일반적으로 생각해보자. 아무리 친밀한 사이라 할지라도 상대방이 내게 자신의 속사정을 털어놓지 않는 한, 그에 대해 속속들이 알기란 어렵다. 오랫동안 곁에서 그를 지켜봐 왔기 때문에 그에 대해 알고 있는 사실들은 대화를 통해 알게 된 사실에 비하면 피상적이고 하찮은 것들에 불과할 것이다. 이와 마찬가지로 우리가 성경에 대해 충분히 알기 위해서는, 우선 성경이 그 자체에 대해 증거하는 사실을 경청해야 한다.

법정에서 피고는 자기 변론을 하게 된다. 그 자리에서 그는 자신이 무죄하다는 사실을 입증하기 위해 원고의 주장을 논리적으로 반박한다. 그러나 그가 과연 무죄인지 유죄인지는 논리적 일관성과 객관적 증거, 원고와의 대질 심문 등을 통해 판가름나게 된다.

피고에게 자기 변론의 기회가 주어지듯이, 성경이 그 자체에 대해 무엇이라고 증거하는지를 귀 기울여 볼 필요가 있다. 성경의 주장들을 접하고 나서 사실로 인정하든지 거짓으로 단정하든지 그것은 여러분의 자유이다. 그러나 '불신'이란 기차에 올라타면, 결국 '불신'이란 종착지에 도착하게 된다. 그러므로 부정적인 자세가 아닌, 보다 객관적인 자세로 성경을 대하려는 마음가짐이 요구된다.

물론 우리는 성경의 주장이 진실한지 여부를 가리기 위해 계속해서 역사적, 예언적, 과학적 증거들과 예수 그리스도의 증언을 살펴볼 것이다. 그러나 우선 일차적으로 성경 자체의 주장에 귀를 기울이고 그 사실성 여부를 면밀히 검토할 필요가 있다.

성경이 그 자체에 대해 증거하는 바를 찾는 데는 그리 오랜 시간이 걸리지 않는다. 성경이 '하나님의 말씀'이라고 주장하는 표현은 여기저기서 쉽게 찾아볼 수 있기 때문이다. 그 중 몇 가지 말씀을 찾아, 그 말씀이 나와 여러분에게 무슨 의미를 지니는지 살펴보자.

성경의 내적 증거

"성경 자체가 성경은 하나님의 감동으로 기록되었다고 주장하는데 그 밖의 다른 증거가 왜 필요합니까?"라고 반문할 수도 있다. 그러나 성경의 주장과 그 의미를 살펴보아야만 하는 몇 가지 이유가 있다. 우선 성경이 성경에 대해 무엇이라고 주장하는지 간략히 살펴보도록 하자.

"16 모든 성경은 하나님의 감동으로 된 것으로 교훈과 책망과 바르게 함과 의로 교육하기에 유익하니 17 이는 하나님의 사람으로 온전하게 하며 모든 선한 일을 행할 능력을 갖추게 하려 함이라"(딤후 3:16-17). 이 말씀은 성경의 기원에 대해 가장 명확하게 밝히고 있는 말씀 중 하나이다. 여기서 모든 성경이 하나님의 '감동'으로 되었다는 말은 모든 성경이 기록된 후 하나님이 그 책들에 '입 기

운'을 불어넣자 비로소 성경이 영감되었다 라는 의미로 오해될 수 있지만 사실은 그렇지 않다. 헬라어 성경에 의하면 이 말은 하나님이 '입 기운'을 내쉰 결과 성경이 완성되었음을 의미한다. 이를 은유적으로 말하면, 성경은 하나님의 '입 기운'인 셈이다.

구약 성경에서 '하나님의 입'은 하나님의 말씀의 출처로 언급되어 있다. *"여호와의 말씀으로 하늘이 지음이 되었으며 그 만상을 그의 입 기운으로 이루었도다"(시 33:6)*. 여기서 "그의 입 기운"이란 히브리어는 '하나님이 감동하시다'라는 헬라어와 같은 말이다. 창조주 하나님이 인간을 사용해 성경을 기록하게 하셨지만, 그 성경은 하나님의 말씀이다. 결국 "그의 입 기운"으로 세상 만물을 창조하신 하나님은 동일한 입 기운으로 성경을 완성하셨다.

'성경이 영감되었다'라는 말은 하나님이 성경 기자들의 기록을 진실한 것으로 인정하셨다는 의미가 아니라, 그들로 하여금 하나님의 말씀을 기록하도록 하셨음을 뜻한다. 하나님의 생각이 성경 기자들의 생각이 된 결과, 그들은 하나님이 우리에게 계시하신 말씀을 정확히 기록하였다. 그럼, 이제 구약과 신약 성경이 그 자체에 대해 증거하는 바를 살펴보자.

구약의 증거

우선 구약 성경에서 "여호와께서 이르시되"나, 또는 이와 유사한 말로 시작되는 말씀들을 찾아 주의 깊게 읽어보자.

- *"[1]하나님이 이 모든 말씀으로 말씀하여 이르시되 [2]나는 너를 애굽 땅, 종 되었던 집에서 인도하여 낸 네 하나님 여호와니라 [3]너는 나 외에는 다른 신들*

을 네게 두지 말라 [4]너를 위하여 새긴 우상을 만들지 말고 또 위로 하늘에 있는 것이나 아래로 땅에 있는 것이나 땅 아래 물 속에 있는 것의 어떤 형상도 만들지 말며"(출 20:1-4).

- *"[1]여호와께서 모세에게 이르시되 볼지어다 내가 너를 바로에게 신 같이 되게 하였은즉 네 형 아론은 네 대언자가 되리니 [2]내가 네게 명령한 바를 너는 네 형 아론에게 말하고 그는 바로에게 말하여 그에게 이스라엘 자손을 그 땅에서 내보내게 할지니라"(출 7:1-2).*

- *"너를 낮추시며 너를 주리게 하시며 또 너도 알지 못하며 네 조상들도 알지 못하던 만나를 네게 먹이신 것은 사람이 떡으로만 사는 것이 아니요 여호와의 입에서 나오는 모든 말씀으로 사는 줄을 네가 알게 하려 하심이니라"(신 8:3).*

- *"하늘이여 들으라 땅이여 귀를 기울이라 여호와께서 말씀하시기를 내가 자식을 양육하였거늘 그들이 나를 거역하였도다"(사 1:2).*

- *"[1]베냐민 땅 아나돗의 제사장들 중 힐기야의 아들 예레미야의 말이라 [2]아몬의 아들 유다 왕 요시야가 다스린 지 십삼 년에 여호와의 말씀이 예레미야에게 임하였고"(렘 1:1-2).* 예레미야 1장에는 여호와의 말씀이 예레미야에게 임하였다는 사실이 다섯 번 이상 언급되어 있다(4, 9, 11, 13절 등).

이 외에도 하나님이 친히 말씀하셨음을 증거하는 수많은 말씀들이 있다. 하나님은 아담과 하와의 타락 이전 및 이후에 그들과 말씀을 나누셨다(창 1:28-30, 3:9-19). 하나님은 아브라함을 부르시고(창 12:1-3), 그와 긴 대화를 나누셨다(창 15:1-21, 17:1-21). 또한 떨기나무 불꽃 가운데서 모세를 부르신 하나님은 인내하는 가운데 그에게 말씀하셨으며(출 3:1-4:23), 많은 선지자들에게 자신을 계시하셨다. 이러한 성경 말씀들은 하나님이 단지 환상을 통해서가 아니라 직접적인 말씀으로 사람들과 대화하셨음을 보여준다. 하나님이 사람들과 대화하는 과정에서 인간의 언어가 장애물로 작용한 경우는 한 번도 없다.

참 선지자와 거짓 선지자는 그가 하나님의 말씀을 전하는지, 자기 자신의 말을 하는지에 따라 구분할 수 있었다(신 18:18–20). 하나님은 참 선지자에 대해 거듭 말씀하시기를, "내 말을 그 입에 두리니"라고 말씀하셨다. 이는 곧 참 선지자는 하나님의 말씀을 대언하는 자였음을 시사한다.

예를 들면, 나단 선지자는 다윗에게 다음과 같은 하나님의 말씀을 대언하였다. "[10]*내가 또 내 백성 이스라엘을 위하여 한 곳을 정하여 그를 심고 그를 거주하게 하고 다시 옮기지 못하게 하며 악한 종류로 전과 같이 그들을 해하지 못하게 하여…*[12]*네 수한이 차서 네 조상들과 함께 누울 때에 내가 네 몸에서 날 네 씨를 네 뒤에 세워 그의 나라를 견고하게 하리라*"(삼하 7:10–12). 이와 같이 다른 선지자들도 하나님이 친히 말씀하시는 것처럼 그분의 말씀을 대언하였다(왕상 20:13; 왕하 17:13; 대하 12:5).

이러한 예는 이사야 선지자에게서도 찾아볼 수 있다. 이사야서는 최선을 다하였음에도 불구하고 포도를 수확하지 못해 실망한 포도원 주인에 관한 이야기로 시작된다. 이사야는 아무런 설명 없이 마치 자신이 포도원 주인인 양 일인칭 어법을 사용하고 있다. "[3]*예루살렘 주민과 유다 사람들아 구하노니 이제 나와 내 포도원 사이에서 사리를 판단하라* [4]*내가 내 포도원을 위하여 행한 것 외에 무엇을 더할 것이 있으랴 내가 좋은 포도 맺기를 기다렸거늘 들포도를 맺음은 어찌 됨인고*"(사 5:3–4). 이사야는 포도원 주인으로 비유된 하나님이 아니라 그분의 말씀을 대언하는 선지자에 불과했다. 그런데도 그는 마치 하나님이 친히 말씀하시는 것처럼 말씀을 선포하였다.

하나님의 선지자들은 신적 권위를 주장하였다. 사무엘이 사울에게 한 말을 읽어보라. "*[13]사무엘이 사울에게 이르되 왕이 망령되이 행하였도다 왕이 왕의 하나님 여호와께서 왕에게 내리신 명령을 지키지 아니하였도다 그리하였더라면 여호와께서 이스라엘 위에 왕의 나라를 영원히 세우셨을 것이거늘 [14]지금은 왕의 나라가 길지 못할 것이라 여호와께서 왕에게 명령하신 바를 왕이 지키지 아니하였으므로 여호와께서 그의 마음에 맞는 사람을 구하여 여호와께서 그를 그의 백성의 지도자로 삼으셨느니라 하고*"(삼상 13:13–14). 사울은 앞서 하나님이 사무엘을 통해 하신 말씀을 청종하지 않았으므로 이러한 저주를 선고받았다. 그가 사무엘의 말에 불순종한 것은, 곧 하나님의 말씀에 불순종한 행위였다.

이 외에도 성경에 기록된 말씀이 하나님의 말씀임을 증거하는 말씀들이 있다. 다윗은 "*어찌하여 이방 나라들이 분노하며 민족들이 헛된 일을 꾸미는가*"(시 2:1)라고 노래한 시편의 저자이다. 그러나 사도들은 기도하면서 이 시편을 인용하는 가운데 다윗의 말을 하나님의 말씀으로 언급하였다. "*또 주의 종 우리 조상 다윗의 입을 통하여 성령으로 말씀하시기를 어찌하여 열방이 분노하며 족속들이 허사를 경영하였는고*"(행 4:25). 이는 곧 성령 하나님께서 다윗의 입을 빌어 말씀하셨음을 의미한다.

마지막으로 구약 성경에서 하나님의 말씀에 대해 묘사하고 있는 말씀들을 살펴보자. 다윗은 악인이 횡행하고 불의가 판 치는 세상에서 오직 하나님만이 참되심을 묵상하면서 이렇게 노래했다. "*여호와의 말씀은 순결함이여 흙 도가니에 일곱 번 단련한 은 같도다*"(시 12:6). '순결함'에 해당하는 히브리어는 불완전하고 불순한 것과 전혀 무관한 상태를 의미한다. 하나님이 선지자의 입을 빌어 하신 말씀뿐만 아니라 성경에 기록된 모든 말씀은 정녕 여호와의 순결한 말씀이다.

"*하나님의 도는 완전하고 여호와의 말씀은 순수하니 그는 자기에게 피하는 모*

든 자의 방패시로다"(시 18:30). 여기서 '순수하다'라는 말은 전혀 흠이 없는 상태를 의미한다. 하나님의 말씀에 대한 이 같은 찬미는 또 다른 곳에서도 찾아볼 수 있다. "*주의 말씀이 심히 순수하므로 주의 종이 이를 사랑하나이다*"(시 119:140).

구약 성경은 하나님이 영원하신 분인 것처럼 그분의 말씀도 영원하리라는 사실을 거듭 강조하고 있다. "*여호와여 주의 말씀은 영원히 하늘에 굳게 섰사오며*"(시 119:89). "*풀은 마르고 꽃은 시드나 우리 하나님의 말씀은 영원히 서리라 하라*"(사 40:8).

구약 성경 기자들을 법정에 증인으로 세운다면, 아마 그들은 이구동성으로 "우리는 하나님이 우리에게 주신 말씀들을 선포하고 기록하였을 뿐입니다"라고 증언할 것이다. 우리는 이들의 증언을 간과해서는 안 된다.

신약의 증거

신약 성경 기자들 역시 구약 성경 기자들과 동일한 신적 권위를 주장하였다. 그들은 구약 성경을 하나님의 말씀으로 여겨 인용하였을 뿐만 아니라 자신이 하나님의 계시를 받아 기록하였음을 주장하였다.

그리스도께서 이 땅에서 사역하시는 동안 하나님은 적어도 세 번 하늘로부터 직접 말씀하셨다. 예수님이 세례 받으실 때, 변화산 상에서 그 모습이 변하실 때, 십자가 죽음을 앞두고 하나님께 기도하실 때이다. 여러분도 알다시피 예수님은 임박한 고난에 직면하여 심히 괴로워하시면서 "*지금 내 마음이 괴로우니 무슨 말을 하리요 아버지여 나를 구원하여 이 때를 면하게 하여 주옵소서 그러*

나 내가 이를 위하여 이 때에 왔나이다"(요 12:27)라고 기도하셨다. 그러나 중요한 사실은 주님이 끝내 하나님 아버지께 영광돌리길 원하였다는 점이다(요 12:28). 그러자 그때 하늘에서 이런 응답이 들려왔다. "*내가 이미 영광스럽게 하였고 또다시 영광스럽게 하리라*"(요 12:28). 이처럼 하나님은 친히 말씀하실 수 있었으므로 직접 말씀하셨다. 그리고 성경 기자들은 자신의 체험이 아닌 하나님의 말씀을 받아 글로 기록하였음을 주장하였다.

적어도 13권의 신약 서신서를 기록한 바울은 자신이 하나님의 계시를 받아 기록하였다고 주장하였다.

- "*[37]만일 누구든지 자기를 선지자나 혹은 신령한 자로 생각하거든 내가 너희에게 편지하는 이 글이 주의 명령인 줄 알라 [38]만일 누구든지 알지 못하면 그는 알지 못한 자니라*"(고전 14:37-38).

- "*이러므로 우리가 하나님께 끊임없이 감사함은 너희가 우리에게 들은 바 하나님의 말씀을 받을 때에 사람의 말로 받지 아니하고 하나님의 말씀으로 받음이니 진실로 그러하도다 이 말씀이 또한 너희 믿는 자 가운데에서 역사하느니라*"(살전 2:13).

- "*우리가 주의 말씀으로 너희에게 이것을 말하노니 주께서 강림하실 때까지 우리 살아 남아 있는 자도 자는 자보다 결코 앞서지 못하리라*"(살전 4:15).

베드로는 성도들에게 하나님의 말씀에 대한 순종을 촉구하면서 구약 성경을 인용하였다.

- "*[23]너희가 거듭난 것은 썩어질 씨로 된 것이 아니요 썩지 아니할 씨로 된 것이니 살아 있고 항상 있는 하나님의 말씀으로 되었느니라 [24]그러므로 모든*

육체는 풀과 같고 그 모든 영광은 풀의 꽃과 같으니 풀은 마르고 꽃은 떨어지되 [25]오직 주의 말씀은 세세토록 있도다 하였으니 너희에게 전한 복음이 곧 이 말씀이니라"(벧전 1:23–25; 사 40:6–8 참조).

사도 요한은 계시록의 내용이 하나님의 말씀임을 주장하면서 그 말씀을 가감하는 자들에겐 저주가 임하리라고 경고하였다. *"[18]내가 이 두루마리의 예언의 말씀을 듣는 모든 사람에게 증언하노니 만일 누구든지 이것들 외에 더하면 하나님이 이 두루마리에 기록된 재앙들을 그에게 더하실 것이요 [19]만일 누구든지 이 두루마리의 예언의 말씀에서 제하여 버리면 하나님이 이 두루마리에 기록된 생명나무와 및 거룩한 성에 참여함을 제하여 버리시리라"(계 22:18–19).* 바울과 베드로, 요한은 자신들이 하나님의 말씀을 전하는 것이라고 주장하였다.

성경이 체계적으로 일관되게 그 신적 기원을 주장하고 있는데 대해 어떻게 생각하는가? 직 · 간접적으로 성경의 신적 기원을 주장하고 있는 성경 말씀은 무려 1,500여 개나 된다. 신 · 구약 성경은 모두 한결같이 기록된 말씀들이 하나님의 말씀임을 주장하고 있다.

성경 기자들이 모두 거짓말을 하고 있는 것이라면, 성경은 분명 사기꾼들이 쓴 믿지 못할 책에 불과할 것이다. 그러나 시대를 불문한 절대적 도덕 기준과 일관된 세계관을 제시하고 있으며, 회의론자들조차 감복한 예수님의 말씀이 기록되어 있는 성경이 과연 삼류 소설보다 못한 거짓투성이에 불과할까?

하나님은 성경이 자신의 말씀이라고 확언하셨다. 우리는 그러한 하나님의 말씀이 결코 거짓이 아니라는 사실을 뒷받침해주는 증거들을 계속해서 살펴볼 것이다.

요셉 스미스(Joseph Smith)는 자신이 천사로부터 계시를 받았으며, 그 말씀을 기록한 책이 「몰몬경」(The Book of Mormon)이라고 주장하였다. 그러나 그의 주장은 적어도 두 가지 이유에서 신빙성을 결여하고 있다. 첫째, 몰몬경은 언제 · 어디에서 · 어떻게 기록되었는지 모호하므로 그 역사성에서 의심받고 있다. 둘째, 요셉 스미스가 받았다고 하는 계시와 일치된 내용의 계시를 받았다고 주장하는 또 다른 선지자들이 없다. 몰몬경은 한 사람이 기록한 것이긴 하지만, 그 내용 중에 기존의 다른 종교 교리와 사상들을 짜집기한 부분이 많다. 게다가 요셉 스미스의 도덕성 또한 여러 가지로 문제가 많았다. 그러므로 도덕성만을 놓고 본다면, 오히려 코란경의 원저자라고 할 수 있는 마호메트가 요셉 스미스보다 더 나은 사람이었다고 평가할 수 있을 것이다.

이와 대조적으로 성경은 1,500년 이상의 오랜 기간 동안 40여 명의 각기 다른 기자들이 기록한 66권의 책을 집대성한 것이다. 진리의 특성 중 하나가 일관성이라면 과연 66권의 성경이 일관된 주제를 지니고 있는 것인지 묻지 않을 수 없다. 하나님의 말씀은 상호 모순이 없어야 하므로 66권의 성경이 제각기 다른 이야기를 하고 있는지, 서로 다른 문학 형태이긴 하나 일관된 이야기를 하고 있는지 살펴보아야 할 것이다. 그러므로 마치 증인석에 서 있는 증인을 심문하듯 성경의 일관성에 대해 면밀히 살펴보도록 하자.

1) 성경의 유일무이성

일관성은 진리를 검증할 수 있는 가장 중요한 단서이다. 법조인들은 아무리 교묘한 거짓말도 거짓말은 대개 그 허구성이 드러나게 마련이라고 말한다. 예를 들어 원고와 피고, 증인을 삼자 대질 심문하면 결국 누군가의 거짓 주장이 드러나게 된다는 것이다. 이처럼 진실하지 못한 이야기는 어느 대목에서든지 반드시 불합리한 점이 드러나게 마련이다.

인간이 저술한 책 중에도 일관된 내용을 지닌 책들이 있다. 예를 들면 의학, 천문학, 생물학 서적들은 제각기 일관된 내용을 담고 있다. 그러나 성경의 일관성은 그런 책들과는 비교할 수 없을 만큼 두드러진 것이다. 이러한 주장을 할 수 있는 몇 가지 근거를 제시하면 다음과 같다.

- 성경은 1,500년 이상의 오랜 기간 동안 세 가지 다른 언어로 기록되었다. 이 기간 동안 세계 대제국들과 각종 문화가 흥망성쇠를 거듭하였지만, 그로 인해 성경의 일관성에 미친 영향은 전혀 없다. 성경의 내용이 다양하고 그 역사가 그토록 장구함에도 불구하고 일관성을 유지하고 있음은 성경 기자들의 능력에 의한 것이 아니다.

- 성경은 40여 명의 각기 다른 기자들이 기록한 책이다. 그들의 신분은 왕, 어부, 세리, 목자, 선지자, 의사 등 다양하였다. 이처럼 온갖 부류의 사람들이 기록한 책을 집대성한 것을 찾아보기란 쉽지 않다. 성경 기자들의 교육 수준 역시 천차만별이어서 모세처럼 고등 교육을 받은 사람이 있는가 하면 어부인 베드로처럼 교육을 받지 못한 사람도 있었다. 그들은 연대기적으로 각기 다른 시대에 성경을 기록하였지만, 66권의 성경은 놀라울 정도로 일관된 주제를 지니고 있다.

- 66권의 성경은 아시아, 아프리카, 유럽 같은 서로 다른 나라와 문화권에서 제각기 다른 상황에서 기록되었다. 바울은 로마 감옥에서 옥중 서신을 기록하였으며, 야고보는 예루살렘, 모세는 시내 광야, 다니엘은 바벨론에서 성경을 기록하였다.

- 성경은 하나님의 속성과 그분의 목적, 천사들과 귀신들의 특성, 인간의 본성과 하나님의 구속 계획 등과 같은 다양한 신학적 문제들을 다루고 있다. 열 사람이 한 가지 신학적 문제에 대해 일치된 견해를 제시하기도 힘든데

40여 명의 성경 기자들은 이상의 문제들에 대해 놀라울 만큼 일치된 견해를 보이고 있다.

40여 명의 의사들이 1,500여 년 동안 단 한 권의 의학 서적을 공동 집필하였다고 가정해보자. 그리고 그 책에는 현대인들의 각종 질병을 고칠 수 있는 최신 의학 정보가 담겨 있다고 가정하자. 그렇다면 누구든 그 책의 가치를 인정하지 않을 수 없을 것이다. 이와 달리 성경은 단일한 내용이 아닌, 많은 논란의 여지가 있는 다양한 문제들을 다루고 있음에도 불구하고 상호 모순이 없다. 그러므로 누구든지 성경의 유일무이성에 대해 인정하는 것이 마땅하다.

물론 성경 기자들 중에는 다른 기자가 기록한 내용을 접할 기회가 있었던 사람도 있다. 말라기 선지자는 이미 기록되어 있던 구약 성경들을 접할 수 있었을 것이다. 그러나 다니엘은 에스겔서를 알지 못했을 것이며, 그 밖의 여러 선지자들도 동시대의 기록들을 접하지 못했을 것이다. 사도 바울은 요한의 기록들을 접하지 못한 채 바울 서신을 기록하였으며, 야고보 역시 바울 서신을 접하지 못한 채 야고보서를 기록하였다.

만일 40여 명의 성경 기자들이 의도적으로 성경의 일관성을 꾀하였다면 표면상 불일치한 부분을 뜯어고치는 피상적 작업을 할 수 있었을 것이다. 그러나 66권의 성경은 문학 양식과 문체, 다루고 있는 내용이 제각기 다른데 반해 일관된 구속사적 관점과 대주제를 지니고 있다.

2) 주제의 일관성

성경 기자들은 제각기 다른 상황에서 구별되는 문학 양식의 글을 기록하였다. 그러나 성경은 다양한 주제들을 다룬 66권의 책을 집대성한 것이 아니다. 성경은 예수 그리스도와 그분의 구속 사역이란 대주제를 지니고 있다.

창세기는 천지 창조와 인간의 타락 기사, 하나님의 구속 계획에 관한 내용으로 시작된다. 그러므로 성경의 주제는 '죄'와 '구속의 은혜'라는 두 마디로 요약할 수 있다. 아담과 하와의 타락 직후 하나님은 이런 약속을 하셨다. *"내가 너로 여자와 원수가 되게 하고 네 후손도 여자의 후손과 원수가 되게 하리니 여자의 후손은 네 머리를 상하게 할 것이요 너는 그의 발꿈치를 상하게 할 것이니라 하시고"(창 3:15)*. 구약 성경 전체의 내용은 이 최초의 예언에 입각해 전개되고 있다.

물론 성경은 하나님이 택한 백성을 대하시는 섭리, 성도의 고난, 사탄의 기원 및 최후 등과 같은 소주제들도 다루고 있다. 그러나 이 모든 것들은 하나님이 타락한 인간을 어떻게 다루시는지를 보여주는 배경에 불과하다. 성경은 66가지의 서로 다른 이야기를 들려주는 책이 아니라, '인간의 반역에 대한 하나님의 반응'이란 단일한 이야기를 들려주고 있다.

그리스도께서는 성경의 주제가 '구속주의 강림'이라고 확언하셨다. 주님은 유대인들과 논쟁하는 가운데 이렇게 말씀하셨다. *"너희가 성경에서 영생을 얻는 줄 생각하고 성경을 연구하거니와 이 성경이 곧 내게 대하여 증언하는 것이니라"*(요 5:39). 그리고 이어서 이런 말씀을 하셨다. *"모세를 믿었더라면 또 나를 믿었으리니 이는 그가 내게 대하여 기록하였음이라"(요 5:46)*. 주님은 성경이 바로 자신에 대해 증거하는 것임을 자주 언급하셨으며, 그럼에도 불구하고 자신을 배척한 자들에 대해 저주를 선포하셨다(마 21:42-46; 시 118:22-23). 루터는 이런 주님에 대해 비유적으로 잘 묘사하였다. "의복으로 둘러싸여 있는 몸처럼 성경 속에 들어 있는 분이 바로 그리스도이시다."

주님은 엠마오로 향하는 제자들과 동행하시면서 그들에게 말씀하셨다. *"[25]이르시되 미련하고 선지자들이 말한 모든 것을 마음에 더디 믿는 자들이여 [26]그리스도가 이런 고난을 받고 자기의 영광에 들어가야 할 것이 아니냐 하시고 [27]*

이에 모세와 모든 선지자의 글로 시작하여 모든 성경에 쓴 바 자기에 관한 것을 자세히 설명하시니라"(눅 24:25-27). 그리고 덧붙여 이런 말씀을 하셨다. *"또 이르시되 내가 너희와 함께 있을 때에 너희에게 말한 바 곧 모세의 율법과 선지자의 글과 시편에 나를 가리켜 기록된 모든 것이 이루어져야 하리라 한 말이 이것이라 하시고"(눅 24:44).*

사도들은 성경의 대주제가 그리스도임을 깨달았다. 오순절에 베드로는 시편 16:8-11과 시편 110:1을 인용하여 예수 그리스도의 부활을 증거하였다(행 2:25-36). 에디오피아 여왕 간다게의 내시를 만난 빌립은 그에게 *"예수를 가르쳐"(행 8:35)* 복음을 전하였다.

창세기 3:15의 원시 복음에서부터 시작하여 요한계시록 22:20의 "아멘 주 예수여 오시옵소서"에 이르기까지 모든 성경은 일관되게 예수 그리스도를 증거하고 있다. 서로 다른 털실을 사용해 털옷 한 벌을 짜듯이, 성경은 기록자와 문학 양식, 문체 등이 서로 다른 66권의 책으로 구성되어 있지만 그리스도를 증거하는 책이란 완성된 형태를 이루고 있다.

종교 개혁자들도 성경의 대주제가 그리스도임을 인정하고 고백하였다. 루터는 "모든 성경은 오직 그리스도의 십자가만을 증거하고 있다"라고 말하였다. 칼빈 역시 유사한 말을 하였다. "그리스도에 대해 정확히 알 수 있는 방법은 성경을 탐독하는 것뿐이다."

파스칼(Pascal)이 한 말을 소개하겠다. "성경은 예수 그리스도에 대해 증거하고 있다. 구약은 그분이 오실 사실에 대해, 신약은 그분의 모습에 대해 증거하고 있다."[1)]

1) Frank E. Gaebelein, "The Unity of the Bible", in *Revelation and the Bible*, ed. Carl F. Henry(Grand Rapids: Baker, 1958), 394.

3) 구조적 일관성

"신약은 구약 성경 안에 감추어져 있고, 구약은 신약 성경 안에서 밝히 드러났다"라는 말은 그리 생소하지 않은 금언이다. 신약 성경에 구약 성경을 인용한 부분이 180여 군데나 있다. 구약 성경 전체는 장차 하나님이 타락한 인간을 구속하실 날에 초점을 맞추고 있다. 우리는 신 · 구약 성경을 따로 분리해 별개의 책들로 취급해서는 안 된다. 플로이드 해밀턴(Floyd Hamilton)은 이에 대해 잘 말하고 있다. "신 · 구약 성경은 그 구조상 한 세트이다. 신약은 구약에 입각하고, 구약은 신약에 입각해야만 잘 해석할 수 있다. 그러므로 신 · 구약 성경을 통시적으로 이해해야 한다."[2)]

신 · 구약 성경은 66권의 문학 양식이 서로 다른데도 불구하고 구조적 일관성을 유지하고 있다. "성경은 역사, 율법(민법, 형법, 도덕법, 제사법, 정결법), 종교시, 교훈시, 서정시, 비유, 우화, 전기, 개인 서신, 개인적 회고록, 예언, 묵시 등의 다양한 문학 양식으로 이루어져 있다.…그럼에도 불구하고 전체를 하나로 묶어주는 통일성이 있다."[3)]

이러한 통일성은 인간의 지혜로는 도저히 성취할 수 없을 만큼 정확하다. 예를 들어, 창세기 1:1에는 "태초에 하나님이 천지를 창조하시니라"고 기록되어 있다. 여기서 '하나님'에 해당되는 히브리어는 복수 명사이다. 본문에는 오직 한 분 하나님만이 계시는 것으로 언급되어 있음에도 불구하고 복수 명사가 사용된 것은 성경을 좀더 읽으면 접하게 되는 '삼위일체 신론'을 염두에 둔 때문이다.

그러나 성경은 통일성을 유지하고 있으면서도 다양성을 띠고 있다. 성경 기자들은 한결같이 동일한 내용을 되풀이하고 있지 않다. 그들은 하나님이 계시하신 진리를 각기 다른 관점에서 진술하고 있다. 가우젠(L. Gaussen)은 성경의

2) Floyd E. Hamilton, *The Basis of Christian Faith*(New York: Harper & Row, 1946), 156.
3) F. F. Bruce, *The Books and the Parchments*(New York: Revell, 1963), 88.

각 책들이 장례식장에서 부는 플루트, 목자의 피리, 군사를 소집하는 트럼펫 등을 다루는 숙련된 악사나 여러 종류의 악기와 같다고 말한다. 비유적으로 말하자면, 하나님은 여러 악기를 택하여 성령으로 영감하신 셈이다. 감동적인 연주로 청중을 울리며 환호하게 만드는 오르간 연주자처럼 하나님은 각기 다른 음색이 조화를 이루도록 하셨다. 이는 마치 유능한 지휘자가 오케스트라 단원들을 지휘해 훌륭한 교향곡을 연주하도록 한 것과 같다.[4)]

구약의 하나님은 신약의 하나님과 동일하신 분이다. 그런데도 자유주의 신학자들은 신약의 하나님이 관대하며 사랑이 많으신 분임에 반해 구약의 하나님은 무정하며 잔인한 분이라고 가르친다. 그리스도의 경고와 요한계시록에 나와 있는 하나님의 심판에 대한 경고를 읽어보라. 하나님은 구약 시대와 마찬가지로 신약 시대에도 동성애자, 간음하는 자, 우상 숭배하는 자들을 심판하리라고 경고하고 계신다. 다만 하나님이 즉각적인 심판을 유보하고 계심은 죄악이 관영할 때까지 참고 계시는 것일 뿐이다. 이런 사실이 믿기지 않는다면, 데살로니가후서 1:6-9을 읽어보라. 또한 구약의 하나님이 신약의 하나님보다 관대하지 못하다고 생각되면, *"나 여호와는 변하지 아니하나니"*(말 3:6)라는 말씀을 기억하라. 신 · 구약 성경에 묘사되어 있는 하나님의 속성은 언제나 동일하다.

4) 상징의 일관성

구약 성경에서 불은 정화와 심판을 상징하며, 물은 기름과 마찬가지로 종종 성령을 상징한다. 신 · 구약 성경에서 누룩은 죄악을 상징하는바 유대인들은 유월절을 준비할 때 집안에서 누룩을 제하여야 했다. 예수님은 제자들에게 *"삼가 바리새인과 사두개인들의 누룩을 주의하라"*(마 16:6)고 경고하셨다.

구약의 레위기와 신약의 히브리서, 구약의 다니엘서와 신약의 요한계시록의

4) L. Gaussen, *Theopneustia*(Kansas City, Mo.: Gospel Union, 1912), 38.

밀접한 연관성을 살펴보라. 손에 꼭 맞는 장갑처럼 적확(的確)한 상징법이 사용되어 있음을 알 수 있을 것이다. 레위기와 히브리서를, 다니엘서와 요한계시록을 비교 고찰하면 그 상징적 의미를 더욱 명확하게 이해할 수 있다.

대성당을 건축하기 위해 세계 각처에서 다양한 자재들을 수입해 한 곳에 모아놓은 광경을 상상해보라. 그리고 40여 명의 건축가들이 1,500여 년 동안 그 자재들을 사용해 완공한 대성당을 상상해보라. 하나하나의 조각들이 결합되어 장엄한 성당이 완성되었다는 것은 40여 명의 건축가들이 일사불란하게 작업할 수 있도록 배후에서 감독한 유능한 설계사가 있었음을 시사한다.

성경은 설계사가 건축 과정을 감독하여 마침내 완공한 대성당과 같다.

결정의 순간

본장 제목을 성경이 하나님의 말씀이라고 믿는 '논리적 이유'라고 붙인 이유는 두 가지 중 하나를 결정할 수밖에 없기 때문이다. 성경은 진리가 아니면 거짓, 좋은 책이 아니면 나쁜 책, 하나님의 말씀이 아니면 인간이 지어낸 이야기라고밖에 할 수 없다. 성경은 하나님의 말씀이 아니지만 교회가 따라야 할 유익한 지침서라고 하는 자유주의 신학자들의 비논리적 주장을 받아들여서는 안 된다.

성경의 기원이 모호하다면 그 내용이 믿을 만하다고 여길 필요가 없다. 만일 성경 기자들이 하나님의 말씀이 아닌 각자의 생각들을 기록하였다면 성경은 일관성을 결여하고 있을 것이다. 성경에 오류가 가득하다면 지금까지 그토록 오랫동안 존속하지 못하고, 마치 모래로 지은 집처럼 금방 무너져 버렸을 것이다.

혹자는 이런 주장을 하기도 한다. "성경 기자들은 자신이 하나님의 말씀을 대언한다고 믿은 선한 사람들이긴 하지만 그들의 생각은 착각에 지나지 않는다." 만일 성경 기자들이 자신의 말과 하나님의 말씀을 쉽게 혼동하였다고 한다면, 그들은 사기꾼이거나 사기를 당한 사람들일 것이다. 하지만 그들이 사기를 쳤다면 왜 그런 짓을 했는지 알 수 없다.

자유주의 신학자들은 성경을 단순한 인간의 저작물로 만들려고 노력해왔다. 그들은 성경에 나와 있는 이적을 신화에 불과한 것으로 간주하고, 하나님의 가르침을 혼합주의 사상에 입각해 재해석한다. 그리고 그리스도께서 고통을 호소하신 것으로 보아 그분은 하나님의 아들이 아니라 우리와 똑같은 인간에 지나지 않았음을 알 수 있다고 주장한다. 그러면서도 그들은 성경에 하나님에 관한 믿을 만한 정보가 다소 담겨 있다고 믿으며, 그리스도를 위대한 인물로 존경하고 그리스도의 십자가는 하나님의 사랑의 표현이라고 언급한다. 그리고 자신들도 무조건 성경을 좋지 않게만 보는 것이 아니라 존중한다고 말한다. 그러나 성경의 신적 권위를 인정하지 않는 자들이 그 가치를 제대로 인정할 리 만무하다.

윈스턴 처칠(Winston Churchill)의 전기에서 저자가 "처칠이 내게 말하기를…" 이라고 언급한 대목들을 자주 접하는데 사실은 그 저자가 처칠과 대화한 적이 별로 없거나 한 번도 만난 적이 없음을 알았다고 하자. 그런데도 여전히 그 전기의 내용을 믿겠는가? 그 전기는 처칠에 대해 사실적으로 묘사한 것이 아니라 저자가 지어낸 이야기에 불과하므로 별 가치가 없는 것으로 단정할 것이다. 마찬가지로 성경이 하나님의 말씀이 아니라고 주장하는 자들은 그 말씀을 믿을 수 없다. 성경은 인간이 지어낸 옛날 이야기에 불과한데 어찌 그 내용을 믿을 수 있단 말인가?

반면, 성경이 진리의 책이라면 그 원본이 무오하다는 사실을 믿을 수 있다. 하나님이 진리의 하나님인 이상 그 속성과 일치하는 말씀만을 하셨을 것이기 때문이다. 진리의 하나님이 진리와 상반된 말씀을 하셨다고는 생각할 수 없다. 성경의 신학적 내용은 믿을만 하지만, 역사적 · 과학적 내용은 믿을 수 없다고 하는 것은 비논리적이다. 이에 관해서는 뒤에서 좀더 자세히 살펴볼 것이다.

성경이 진리인 이상 그 말씀 가운데서 존재의 기원에 대한 해답을 발견할 수 있다. 하나님은 성경을 통해 우리에게 자신을 계시하셨다. 그러므로 하나님에 대해 알기 위해서는 성경을 탐독하는 수밖에 없다.

이제 굳게 닫아 두었던 창문을 활짝 열어 밝은 햇빛이 실내에 가득 비취도록 하자. *"주의 말씀을 열면 빛이 비치어 우둔한 사람들을 깨닫게 하나이다"(시 119:130).*

특주 얼마나 더 많은 증거가 필요한가?

성경이 하나님의 말씀이란 사실을 증명할 수 있는가? 본서 전체를 통해 성경이 하나님의 말씀이란 사실을 인정할 수 있는 갖가지 이유들을 살펴볼 것이다. 그러나 본서를 읽고 나서도 여전히 믿지 못하는 회의론자들은 계속해서 또 다른 증거를 요구할 것이다.

우리가 절대적으로 받아들이는 단순 명료한 명제들이 있다. 예를 들어, 2 + 2 = 4라고 하는 수학 공식은 너무나 자명하므로 더 이상의 증거가 필요 없다. 그러한 수학 공식은 누구라도 절대적으로 받아들인다.

그러나 그 외의 사실들을 믿기 위해서는 객관적인 증거나 경험이 요구된다. 사람들은 증거가 충분할 때 믿을 만하다고 말하는데, 그럼에도 불구하고 충분하지 못한 경우가 있다. 수천 개의 눈송이를 관찰한 과학자들은 똑같이 생긴 눈송이는 하나도 없다고 말한다. 물론 우리는 그들의 말을 믿을 수밖에 없다. 하지만 곰곰이 생각해 보면 예외적인 경우가 있을 수 있으므로 그들의 말이 절대적 진리라고 인정할 수 없다. 과학자들이 수천억 개의 눈송이를 일일이 다 비교 관찰한 것은 아니지 않은가? 그러므로 모든 일을 다 아시는 하나님이 "똑같이 생긴 눈송이는 하나도 없다"라고 말씀하실 때만이 절대적으로 믿을 수 있다.

역사적 사실을 규명하는 데도 증거가 매우 중요하다. "윈스턴 처칠은 영국 수상이었다"라는 말은 "줄리어스 시저가 로마를 지배하였다"라는 말보다 더 확실하다. 증거가 가장 최근의 것이고, 증인들이 많을수록 신빙성은 더 높은 것이다.

그러나 믿을 만한 증거들이 있음에도 불구하고 역사적 사실에 대해 의문을 표할 수 있다. 증인들의 정직성, 그들 진술의 정확성, 복사본의 신뢰성에 대해서도 의문을 제기할 수 있다. 역사는 결코 반복될 수 없는 것이므로 역사적 사실에 대한 논란이 야기될 경우, 그 누구도 절대적 증거를 제시할 수 없다. 이 세상에는 하나님이 천지 만물을 창조하셨음을 목격한 증인이 아무도 없다. 그러므로 저마다 만물의 기원에 대해 분분한 견해를 제시하고 있다.

성경이 과연 믿을 만한 것인지 의문을 표하는 사람들이 많다. 성경은 역사적 사실을 언급하며 도덕적 교훈을 제시하고 있을 뿐만 아니라 인간의 마음이 완악하고 간사하기 그지없음을 지적하고 있다. 이런 성경을 하나님의 말씀으로 믿을 수밖에 없는 이유는, 그 권위에 순복하려는 자들에게만 성경의 효용성이 빛을 발하기 때문이다. 이와 관련해 그리스도께서는 이렇게 말씀하셨다. *"사람이 하나님의 뜻을 행하려 하면 이 교훈이 하나님께로부터 왔는지 내가 스스로 말함인지 알리라"(요 7:17).* 믿고 순복할 마음이 없는 자들은 성경을 읽을 수 없을뿐더러 읽고 나서도 여전히 믿지 못할 뿐이다.

그 이유를 이해하기란 그리 어렵지 않다. 성경은 개관적으로 고찰할 수 없는 신학적 문제에 대해서도 언급하고 있으므로 믿음이 요구되는 것이다. 성경은 인간의 본성이 악하며, 하나님 앞에서 모두가 죄인이란 사실을 밝히고 있다. 예수님도 인간이 영적 빛보다 영적 어두움을 더 좋아하여 하나님의 말씀 받아들이기를 한사코 거부함을 지적하셨다. 사람들이 성경의 가르침을 부인하며 믿음의 단계로 나아가기를 거부하는 이유가 바로 여기에 있다.

물론 역사적 고찰 결과, 한 걸음 더 믿음의 단계로 나아갈 수 있긴 하지만 그 나머지 과정에선 믿음이 요구된다. 역사적 탐구 결과, 로마 제국 당시 그리스도께서 십자가에 달려 죽으셨음을 뒷받침해주는 증거를 찾을 수 있지만 그리스도인들이 믿듯이 그분이 "우리 죄를 위해 죽으셨다"라는 사실을 입증할 수는 없다.

대학 강단에서 그리스도의 부활을 변증하는 강연을 마치고 내려왔을 때, 한 철학 교수가 이런 질문을 해왔다. "당신이 주장하듯이 그리스도께서 부활하셨다고 인정합시다. 그러나 그분이 하나님의 아들이자 구세주라는 사실을 어떻게 증명할 수 있습니까?" 그러면서 그는 그리스도께서 어떻게 부활하셨는지 그 비밀을 밝혀야 할 것이라고 주장하였는데, 그 같은 비밀은 훗날 과학자들이 밝혀낼는지 모를 일이다. 그 교수의 주장은 분명 억지에 가깝다. 그러나 이는 성경이 하나님의 말씀이란 사실을 입증하기가 얼마나 어려운지를 잘 보여준다. 그와 같은 회의론자들은 성경을 믿지 못할 뿐만 아니라 기독교 신앙의 정당성을 입증해주는 또 다른 증거를 아무리 많이 제시할지라도 역시 믿지 않을 것이다.

성경의 진정성을 뒷받침해주는 증거가 아무리 많이 있다 하더라도 믿음이 없이는 그리스도를 자신의 주로 고백할 수 없다. 그렇다고 해서 맹신이나 비논리적 신앙이 필요하다는 것이 아니라 확실한 증거를 받아들일 수 있는 믿음이 필요하다는 말이다. 무조건하고 기독교 신앙의 절대성을 강조한다면 믿음은 아무런 의미가 없게 된다. 그러므로 우리는 기독교 신앙의 정당성을 입증하고 사람들은 그 증거를 믿어야 한다.

사람들은 인간의 본성, 하나님과 인간의 관계에 대한 성경의 가르침을 즉각적으로 받아들이기를 주저한다. 사실, 자신의 힘만으로 의심을 떨쳐 버리고 믿음에 이를 수 있는 사람은 아무도 없다. 그리스도와 신약 성경 기자들은 오직 성령의 능력만이 사람을 회심시켜 믿음에 이르게 할 수 있다고 말하였다. *"나를 보내신 아버지께서 이끌지 아니하시면 아무도 내게 올 수 없으니 오는 그를 내가 마지막 날에 다시 살리리라"(요 6:44).* 이는 곧 역사적 탐구만으로는 구주 그리스도를 믿을 수 없고 성령께서 역사하셔야만 믿을 수 있게 됨을 의미한다.

그러나 이는 오늘날의 주관론자들이 "나는 내 스스로 그렇다고 생각하기 때문에 나 자신이 옳다고 믿는다. 아무도 내 자신의 개인적 신념을 꺾을 수 없다"라고 말하는 것과 같은 의미가 아니다. 우리는 주관적 신념에 의해서가 아니라 하나님 앞에서 주관적 신념이 철저히 깨어질 때 비로소 성경이 하나님의 말씀임을 믿게 된다. 그때야 우리는 성경이 인간의 실상, 세상과의 관계에 대한 진실을 이야기하고 있음을 깨닫게 된다. 마침내 진리의 퍼즐 조각들이 완성되는 순간, "지금까지 눈이 멀었었으나 이제 보게 되었노라"고 외치게 되는 것이다.

성경은 거울과 같아서 우리의 실상이 어떠한지 그대로 보여준다. 우리 스스로는 머리카락 한 올도 더할 수 없고, 죄악으로 물든 모습을 가릴 수도 없다. 그러나 성경은 하나님이 죄인들을 구원하기 위해 보내주신 구속주가 바로 예수 그리스도이심을 증거한다.

불신 가정에서 태어나 뉴에이지 운동에 흠뻑 빠진 친구가 있었는데, 그는 급기야 밀교(密敎)를 신봉하고 백인 우월주의론을 맹신하게 되었다. 그러나 우연히 성경을 접하게 된 그는 이런 고백을 하였다. "성령님께서 제 마음을 감화시키신 결과, 저는 지금까지 맹신하였던 백인 우월주의론이 얼마나 어리석은 사상인지를 깨닫게 되었습니다. 그때까지 제가 맹신하고 있던 것이 잘못된 사상임을 지적해 주는 사람은 아무도 없었습니다. 하지만 성령님께서 역사하시자 그동안 철벽같이 서 있던 지적 오만과 무지가 여지없이 무너져 버리고 말았습니다."

내 동역자 중 한 사람은 자신이 어떻게 회심하게 되었는지를 이따금 간증한다. 처음에 그는 TV 설교자가 설교하는 것을 시청하면서 냉소하였었다. 그는 설교자가 말하는 아담과 하와의 창조, 예수 그리스도의 동정녀 탄생 등을 믿지 않았다. 그러나 계속해서 듣다 보니 호기심이 생겨 성경을 읽기 시작했고, 자신이 죄인이며 구원자가 필요하다는 사실을 깨닫고 마침내 회심하였다. 그런 그의 고백이다. "이후 나는 나를 구원하신 하나님이 정말로 아담과 하와를 창조하셨으며, 하나님의 아들 예수 그리스도께서 동정녀에 의해 탄생하셨음을 믿게 되었다." 그의 심령이 변하자, 그의 사고도 변하고 만 것이다.

하나님이 역사를 간섭하고 계실 수 있다는 개연성을 인정하는 자들과 진리를 알기 원하는 자들은 성경에서 진리를 발견하고 믿음으로 받아들여야 한다. 성경의 진정성을 깨닫는 자라야 겸허하게 그 말씀에 귀를 기울일 수 있다. 그 마음을 그리스도께로 향하고 믿음으로 성경의 진리를 받아들일 수 있게 되기를 간구하라. 그리하면 성령께서 하나님의 말씀을 믿고 영생에 이를 수 있도록 역사하실 것이다.

성경이 증거하는 그리스도께서 하나님의 아들이심을 점차 확신하게 되는 자들은 마침내 지적 장벽을 뛰어넘어 주님이 '진리'이심을 믿게 될 것이다. 그리고 이전에 성경을 믿는데 걸림돌로 작용했던 역사적 · 과학적 문제들도 자연히 해소될 것이다. 성경이 성경 자체에 대해 진리를 말하고 있음을 깨닫는 자들은 성경이 그 밖의 문제들에 대해서도 진리를 말하고 있음을 확신하게 될 것이다.

하나님은 성경을 사용하여 성경의 진리를 부인하는 온갖 장벽들을 무너뜨리신다. 성령께선 남자와 여자, 어린아이를 막론하고 모두를 감화시켜 그리스도를 자신의 구주로 영접하게 하신다. *"그가 그 피조물 중에 우리로 한 첫 열매가 되게 하시려고 자기의 뜻을 따라 진리의 말씀으로 우리를 낳으셨느니라"*(약 1:18).

나는 두 가지 기도를 하는 가운데 본서를 집필하였다. 첫째, 성도들이 자신의 믿음의 근거를 확고히 할 수 있도록 해달라고 기도하였다. 악한 사탄의 세력들은 성경의 진리를 부인할 뿐만 아니라 할 수만 있으면 성도들을 믿음에서 이탈시키려 획책(劃策)하고 있다. 그러므로 우리는 *"성도에게 단번에 주신 믿음의 도"*(유 1:3)를 수호해야 한다. 참된 믿음이 있는 자만이 성경의 진리를 확신할 수 있음을 명심하라.

둘째, 성경을 민간 전승에 불과한 것으로 여기는 회의론자들이 본서를 접할 수 있게 해달라고 기도하였다. 본서를 읽고 호기심이 생기는 자들은 한 걸음 더 나아가 성경을 탐독하라. 그리하면 성령께서 감동하심으로 *"곧 하나님께서 그리스도 안에 계시사 세상을 자기와 화목하게 하시며 그들의 죄를 그들에게 돌리지 아니하시고 화목하게 하는 말씀을 우리에게 부탁하셨느니라"*(고후 5:19)는 구원의 진리를 깨닫고 믿게 될 것이다. 그러니 여러분이 회의론자라면 제일 먼저 해야 할 일은 진지하게 성경을 탐독하는 것이다.

신 · 구약 성경의 중심이신 그리스도처럼 담대하게 말할 수 있는 사람은 아무도 없다. 성경은 그리스도의 무한한 신적 권위를 증거해주고 있다. *"내 아버지께서 모든 것을 내게 주셨으니 아버지 외에는 아들을 아는 자가 없고 아들과 또 아들의 소원대로 계시를 받는 자 외에는 아버지를 아는 자가 없느니라"*(마 11:27).

성경의 진리를 탐구하는 여행을 계속해보자.

• 성경의 확실성 •

역사적 이유

2

성경을 펼쳐보라. 그러면 아브라함, 모세, 다윗, 그리스도, 주의 제자들, 바울에 대한 이야기를 접하게 될 것이다. 성경에는 소위 '역사적 사건'이라고 하는 수많은 사건들이 기록되어 있다. 성경을 펼쳐보면 어느 곳에서든 쉽게 출생과 죽음, 고난, 기적에 관한 기록을 접할 수 있다.

그러나 그 모든 역사적 사건들은 과연 믿을 만한가? 대답은 그 같은 질문을 하는 여러분에게 달려있다. 타임지에 노스캐롤라이나 대학의 존 반 시터스(John Van Seters) 교수의 글이 실렸었다. "모세란 인물과 홍해 도하 사건, 시내 산에서의 계시는 허구에 불과하다." 타임지는 시터스가 성경 문학 협회에 그와 같은 도전적 발언을 한 것으로 보도하였다.[1]

1) *Time*, 18 December 1995, 67.

타임지는 다음과 같은 내용을 사설로 다루었다. "가장 권위 있는 전문가들은 몇 년 동안의 조사 결과, 아브라함과 그 밖의 이스라엘 족장들은 성경 기자들이 날조한 허구의 인물들에 불과하다는 결론을 내렸다."[2] 이와 마찬가지로 ABC 방송의 예루살렘 특파원인 피터 제닝스(Peter Jennings)도 유대교도, 회교도, 그리스도인들이 믿는 아브라함에 대해 이렇게 논평했다. "역사가들이 아브라함에 대해 뭐라고 말하는지 아는가? 그들은 아브라함이란 인물이 있었는지조차 모른다."

이처럼 불신이 만연한 세태 속에서 성경이 역사적으로 믿을 만하다는 사실을 어떻게 확신할 수 있는가? 성경에 신화적인 내용이 있다 할지라도 간과한 채 그냥 믿어야 하는가? 비평적인 학자들의 말을 무시한 채 그저 그들이 입을 다물기만을 바라야 하는가?

잠시 자유주의 신학자들의 주장을 살펴보자. 그들은 선입견에 입각해 성경을 연구하므로 결국 자신이 원하는 결과를 도출해낸다. 그들은 어떤 대가를 지불하더라도 결코 양보할 수 없는 두 가지 신조를 가지고 있다.

첫째, 역사적 · 고고학적 증거가 없이는 성경의 내용을 액면 그대로 받아들일 수 없다는 것이다. 자유주의 신학자들은 자신을 가리켜 '최소한의 요구자'라고 일컫는데, 그 의미는 객관적 증거에 의해 입증된 성경 내용만을 믿는 것을 뜻한다. 예를 들면, 그들은 성경 외의 문헌에 출애굽 사건이 언급되어 있지 않으므로 그 사건이 실제로 역사적 사건임을 믿지 않는다. 다윗 왕의 이름이 기록된 두 명문(銘文)이 발견되기 전까지 그의 실존을 믿지 않은 학자들이 많았다. 그러나 이제는 모두 다윗이 정말로 이스라엘의 왕이었다는 사실을 믿으니 고고학적 발굴에 감사하지 않을 수 없다. 하지만 아브라함에 대한 객관

2) Ibid., 68.

적 증거는 아직 발견되지 않고 있으므로 그에 대한 성경 기록은 여전히 허구에 불과한 것으로 취급당하고 있다.

자유주의 신학자들조차 고고학적 자료에 대해서는 그것을 뒷받침해주는 또 다른 자료를 요구하는 경우가 드물다. 그러나 성경에 대해서는 전혀 다른 태도를 취한다. 성경에 기록된 역사적 사건이 성경 외 문헌의 기록과 상반될 경우, 성경의 진실성은 여지없이 부인되고 만다. 그들은 양자의 모순에 대해 무조건 성경의 기록이 잘못된 것으로 간주한다.

둘째, 성경에 기록된 이적들이 실제로 발생하지 않았다는 것이다. 자유주의 신학자들 중에는 다윗이 실존 인물이었다는 사실은 믿지만, 그가 성령의 감동을 받았으며 하나님이 그와 언약을 맺었다는 사실은 믿지 않는 자들이 있다. 그들은 다윗이 여부스 사람 아라우나의 타작 마당에서 재앙의 천사를 만났다는 기록을 믿지 않는다.

예수 그리스도는 과연 실재하였는가? 당시의 세속 문학서에 그리스도가 열세 번이나 언급되어 있음에도 불구하고 그분의 실존을 믿지 않는 학자가 있다. 그는 그 이유에 대해 이렇게 설명한다. "그리스도에 대해 언급하고 있는 1세기의 명문이나 기념물이 잔존하지 않기 때문이다."[3] 이처럼 신약 성경의 명확한 증거들을 믿지 않는 자는 그리스도인들이 믿는 예수 그리스도란 인물은 실재하지 않았다고 주장한다.

다시 한 번 이야기하지만, 객관적 증거에 의해 입증된 내용 외에는 성경의 기록을 믿지 않는 학자들이 있다. 그들은 그리스도께서 십자가에 달려 죽으셨다는 사실이 성경 외의 문헌에 기록되어 있지 않다는 이유로 그 역사성을 부

3) Ibid.,70.

인한다. 아마 그들은 그 사실을 뒷받침해 주는 1세기의 객관적 증거가 발견되더라도 그 사건의 구속사적 의미를 인정하지 않을 것이다.

그러나 성경의 진정성을 믿는 우리의 태도는 다르다. 우리는 이미 성경이 하나님의 말씀임을 인정하든지 단순한 인간의 저작에 불과하다고 주장하든지 양단 간에 택일해야 하는 이유에 대해 살펴보았다. 우리는 성경이 하나님의 말씀임을 믿기 때문에 고고학적 증거가 없더라도 성경에 기록된 사건들의 역사성을 확신한다. 우리는 애굽 문헌에 출애굽 사건이 기록되어 있지 않지만, 그 사건의 역사성을 믿는다. 세계 대제국의 백성이라고 자랑한 애굽인들이 약소 민족 이스라엘에 패배한 출애굽 사건을 공식 기록으로 남겨 놓았으리라고 생각하는가? 우리는 오래 전부터 요나가 큰 물고기의 뱃속에 갇혔다는 사실을 믿어 왔다. 그러나 동물학자들이 고래의 식도를 해부해 보고서 그런 일이 실제로 가능하다는 사실을 인정한 것은 그리 오래되지 않았다.

물론 우리도 성경에 인간의 상식을 뛰어넘는 놀라운 사건들이 기록되어 있음을 인정하지만, 그 사건들이 실제로 일어났음을 의심하지 않는다. 그러므로 우리는 "성경이 종교 문헌이기 때문에 역사적 사건을 기록한 부분에서는 오류가 있을 수 있다"라는 주장에 동의하지 않는다. 사실에 근거하지 않은 종교는 믿을 만한 가치가 없다. 마찬가지로 사실에 근거하지 않은 믿음은 무익할 뿐만 아니라 유해하다.

1차 세계 대전에 대해 잘못 기술하였더라도 전체 내용에 심각한 영향을 미치지 않는 책이 있을 수 있다. 아마도 그 책의 저자는 역사에 정통하지 못했거나 잘못된 참고 자료를 사용했을 것이다. 그럼에도 불구하고 독자들은 그 책을 읽고서 전체 내용에 감명받았다고 평가할 수 있다.

그러나 성경은 그렇지 않다. 성경은 단순한 역사서나 신학 서적이 아니라 하나님의 말씀이다. 그럼에도 불구하고 역사적 내용에 오류가 있다면, 신학적 내용에도 오류가 있다고 보아야 한다. 모세가 실제로 홍해를 건너지 않았다면 하나님이 시내 산에서 그에게 십계명을 주셨다고 믿어야 할 이유가 어디 있는가? 아브라함이 실제로 그돌라오멜과 동맹한 왕들을 격파하고서 롯을 구출하지 않았다면 하나님이 아브라함과 언약을 맺으셨다고 믿을 이유가 없다. 요셉 당시, 유대인들에게도 호적하라고 포고령을 내린 로마 황제가 가이사 아구스도가 아니라면 예수님의 동정녀 탄생 사건을 어찌 믿을 수 있는가? 그 모든 사건들은 전부 사실이거나 아니면 거짓이어야 할 뿐임을 기억하라.

성경 역사와 성경 신학은 긴밀한 연관성이 있기 때문에 서로 분리할 수 없다. 그리스도의 십자가 수난은 역사적 사건인 동시에 신학적 사건이지 않은가? 에덴 동산에서의 아담과 하와의 타락, 출애굽, 율법 수여, 그리스도의 부활 사건 역시 마찬가지이다.

성경에 기록된 역사적 사건들은 모두 실제로 일어난 사건들이다. 우리는 그 역사성을 믿기 때문에 신학적 사건들도 그대로 믿는다. 예수님은 니고데모에게 이렇게 말씀하셨다. *"내가 땅의 일을 말하여도 너희가 믿지 아니하거든 하물며 하늘의 일을 말하면 어떻게 믿겠느냐"*(요 3:12). 그렇다. 땅의 일을 믿을 수 있는 자만이 인간의 탐구 영역을 초월한 하늘의 일에 대해서도 믿을 수 있다.

이에 관해 좀더 생각해 보자.

예수님이 중풍병자에게 *"작은 자야 네 죄 사함을 받았느니라"*(막 2:5)라고 말씀하셨을 때, 어떤 서기관들이 비웃으면서 반문했다. *"이 사람이 어찌 이렇게 말하는가 신성 모독이로다 오직 하나님 한 분 외에는 누가 능히 죄를 사하겠느냐"*(막 2:7).

이때 예수님은 그들의 의중을 아시고 도전적인 질문을 하셨다. *“중풍병자에게 네 죄 사함을 받았느니라 하는 말과 일어나 네 상을 가지고 걸어가라 하는 말 중에서 어느 것이 쉽겠느냐”(막 2:9).*

여러분은 어떤 대답을 하겠는가? 과연 그 사람이 죄 사함을 받았는지 아닌지 증명할 길이 없으므로 당연히 “네 죄 사함을 받았느니라”고 말하는 것이 더 쉽다고 대답할 것이다. 죄 사함의 문제는 경험적으로 입증할 수 있는 것이 아닐뿐더러 사람의 몸에서 죄가 떨어져 나가는 것을 볼 수 있는 것도 아니다. 그러므로 신부가 교구민에게 사죄를 선포하더라도 이를 논박할 길이 없다.

그러나 여러분이나 내가 “일어나 걸으라”고 말하는 것은 그것과 다른 문제이다. 가시적인 이적이 일어나기만 하면 누구든지 우리를 믿고 인정할 것이다. 죄 사함을 선포하는 것은 병자를 치유하는 것보다 더 큰 권위가 요구되는 일인데도 그리스도께서는 죄 사함을 선포하셨다. 물론 중풍병자를 침상에서 일으켜 세우는 것보다 단순히 죄 사함을 선포하는 것이 더 쉬운 일이긴 하다.

하지만 주님은 그 두 가지 일을 다 하셨다. *“10그러나 인자가 땅에서 죄를 사하는 권세가 있는 줄을 너희로 알게 하려 하노라 하시고 중풍병자에게 말씀하시되 11내가 네게 이르노니 일어나 네 상을 가지고 집으로 가라 하시니 12그가 일어나 곧 상을 가지고 모든 사람 앞에서 나가거늘 그들이 다 놀라 하나님께 영광을 돌리며 이르되 우리가 이런 일을 도무지 보지 못하였다 하더라”(막 2:10-12).*

그리스도께서 가시적인 이적을 행하셨음은 그분이 비가시적인 이적도 행하실 수 있음을 보여주는 분명한 증거이다. 이런 점에서도 성경의 역사적 사건은 신학적 사건과 긴밀한 연관성을 지니고 있다고 말할 수 있다.

우리가 성경에 기록된 신학적 사건을 믿는다면, 역사적 사건에 대한 기록 역시 믿어야 한다. 우리는 성경 기자들이 역사적 사건에 대해서 잘못 기록할 수 있었을 것이라고 가정해서는 안 된다. 성경에는 아무리 사소한 오류가 있다 하더라도 치명적일 수밖에 없다.

그렇다면 성경은 과연 역사적으로 믿을 만한가? 이를 입증할 수 있는 증거들을 살펴보자.

고고학의 기여

고고학이란 '지난날의 유물들을 발굴하고 조사하여 성경과의 관련성을 면밀히 분석, 평가하는 학문'이라고 정의할 수 있다.[4] 고고학자들은 최근 50여 년 동안 놀라운 성과를 거두었다.

그러나 고고학만으로는 과거의 진실을 규명하는데 분명한 한계가 있다. 고고학을 통해 고대 중동의 모든 역사를 복원할 수 있다고 생각하는 것은 어리석은 생각이다. 성경에는 수많은 지명들이 언급되어 있는데 고고학적 작업을 통해 확인된 지명이 상당수이긴 하지만 아직 모든 지명이 다 확인된 것은 아니다. 고고학을 통해 성경에 기록된 역사적 문제들을 모두 규명할 수 있다고 기대해서는 안 된다.

엄밀히 말해 고고학은 과학이 아니다. 뒤죽박죽인 단편들을 주워 모아 때로는 주관적 해석을 내려야 하는 것이 고고학이다. 물론 한때 찬란한 꽃을 피웠다가

4) The New American Standard Open Bible, John Ankerberg and John Weldon, *Ready with an Answer*(Eugene, Oreg.: Harvest, 1997), 260에 인용되어 있음.

쇠퇴한 문명의 단서를 추적하고, 각종 풍습과 고대 유물들을 연구하고 있는 고고학자들에게 감사하지 않을 수 없다. 그러나 발굴한 유물들을 놓고서 분석하는 과정에 서로 이견을 보이는 경우가 많음을 간과해서는 안 될 것이다.

몇 년 전, 예루살렘에서 여름 학기 동안 유학하고 있을 때의 일이다. 고고학을 공부하는 학생들이 아이(Ai)에서 돌아와 흥분한 목소리로 "여호수아서를 다시 써야 할 것 같다"라고 말하였다. 그들은 여호수아의 아이 성 정복 기사가 잘못된 것임을 입증해 주는 유물들을 발굴하였다고 주장하였다. 그들은 3,400여 년 전에 아이 성을 친히 함락시킨 여호수아보다 자신들이 그 사건에 대해 더 정확하게 알고 있는 양 떠들어댔다. 그때 한 저명한 고고학 교수가 학생들의 오해를 지적하고 나섰다. 학생들이 발굴하였다고 주장한 유물은 파괴와 재건 역사가 되풀이된 아이 성의 잔해가 쌓여 언덕을 이룬 곳에서 발견된 파편에 지나지 않는다는 설명이었다.

성경이 하나님의 말씀임을 믿는 우리는 성경의 기록과 상충되는 특별한 고고학적 유물이 발굴되더라도 놀라거나 믿음이 흔들리지 않을 것이다. 대개 그런 유물들을 보다 면밀히 분석해보면 정확히 성경 기록과 일치함이 판명되곤 하기 때문이다. 물론 성경의 모든 내용이 지금까지 알려진 고대 중동의 역사와 상반되며, 그 어디에서도 자취를 찾아볼 수 없는 지명들에 대해 언급하고 있다면 성경의 확실성에 대해 의심해 보아야 할 것이다.

그러나 계속되는 고고학적 발굴 결과, 성경에 기록된 역사적 사건들이 실제로 일어났었으며 기록 내용이 정확하다는 사실이 속속들이 밝혀지고 있다. 성경을 비평하는 학자들에게 그 유물들의 목록을 열거해 보인다면, 그들은 입을 다물지 않을 수 없을 것이다. 게다가 앞으로도 성경이 잘못되었음을 입증할 수 있는 결정적 유물이 나올 가능성은 거의 희박해 보인다.

물론 우리의 믿음은 성경에 입각한 것이지 고고학적 발굴에 기초한 것은 아니다. 그러나 시간이 가면 갈수록 성경의 확실성을 입증해주는 더 많은 유물들이 발굴되리라고 기대할 수 있다. 그러므로 불신자들은 비록 내키지 않더라도 고고학이 성경의 적이 아니라 친구라는 사실을 인정해야 할 것이다.

기독교 변증학자이자 과학자인 헨리 모리스(Henry Morris) 박사는 이런 말을 하였다. "성경 역사의 정확성을 입증해주는 고고학적 유물들은 많지만, 그 오류를 증명할 수 있는 결정적 자료는 아직까지 하나도 발견되지 않았다는 사실은 대단히 중요하다."[5] 각 분야의 전문가들이 집필한 「The New International Dictionary of Biblical Archaeology」 서문에는 고고학이 성경의 역사적 · 지리적 확실성을 입증하는데 기여하였다는 취지의 글이 실려 있다. "예를 들어 헷 족속은 앗수르, 애굽 등의 고대 문헌에 언급되어 있지 않다는 이유로 오랫동안 그 존재가 부정되었지만 오늘날 고고학적 발굴 결과 그 존재가 확인됨에 따라 히브리 성경 기자들이 고대 근동 역사에 가장 정통한 자들이었음이 판명되었다."[6]

성경에 언급된 인물과 지명, 사건들이 성경이 언급한 시대와 장소에서 실제로 확인되고 있음은 정말 놀라운 일이다. 이에 대해 해밀턴은 이렇게 말했다. "성경 기자들은 사실을 정확하게 기록하였지, 비평가들이 주장하듯 사건이 일어난 지 오랜 후 부정확한 단편적 자료들을 긁어 모아 사건들을 재구성해 기록한 것이 아니다."[7]

5) Ankerberg and Weldon, *Ready with an Answer*, 262.
6) Ibid., 269.
7) Floyd E. Hamilton, *The Basics of the Christian Faith*(New York: Harper, 1946), 172.

1) 구약 고고학
무엇부터 살펴보아야 할까?

구약과 관련된 고고학적 발굴물들이 많지만, 그 중 몇 가지만 살펴보도록 하자. 우선 살펴보려고 하는 것은 창조 기사에 관한 것이다. 모세는 하나님의 계시를 받아 창조 기사를 기록하였을까, 아니면 기존 자료들을 참조해 재구성하였을까? 이와 관련된 고고학적 자료들은 흥미진진한 의문과 해답을 제시해준다.

니느웨를 발굴하였을 때, 앗수르 왕 앗술바니팔(Ashurbanipal, B.C. 668-626)의 서고에서 수천 개의 점토 서판이 발견되었다. 그 가운데 소위 '창조 서사시'라고 하는 일곱 개의 서판이 있었는데, 여기에는 성경의 창조 기사와 일치하는 6일간의 창조와 하루의 안식에 대한 내용이 기록되어 있다. 발견된 바벨론 창조 설화도 창세기의 개요와 유사하지만 비성경적 · 다신론적 내용이 담겨 있다.

이들의 창조 기사와 성경의 창조 기사에는 몇 가지 차이점이 있다. 첫째, 성경의 창조 기사는 유일신론을 주장하지만 다른 창조 기사는 다신론을 주장한다. 바벨론 창조 설화에 의하면 남녀 신들이 또 다른 신들을 낳았으며, 그 신들이 서로 싸워 한 신을 반으로 베자 그 한쪽 눈에서 유프라테스 강이 발원하였고 또 다른 눈에서 티그리스 강이 발원하였다고 한다. 그리고 악한 신이 피와 진흙을 섞어 인간을 창조하였다고 한다.

이러한 바벨론 창조 설화는 추잡스러우며 *"태초에 하나님이 천지를 창조하시니라"(창 1:1)*는 성경의 창조 기사와 상반된다. 성경은 유일신 하나님이 천지를 창조하시고, 그 모든 것을 다스리고 계심을 증거한다.

둘째, 바벨론 창조 설화는 영적 존재와 물질을 혼합시키고 있다. 그 설화에 의하면, 최초의 신들이 우주의 물질에서 생겨났다고 한다. 그러나 창세기는 하나님이 물질과 구별되는 자존자이심을 증거한다. 하나님은 세상을 창조한 창조주이실 뿐만 아니라 그 모든 것을 다스리는 주재자이시다.

그러나 창조 순서가 일치하고 있음은 결코 우연이 아니다. 두 기사 모두 원시 상태의 혼돈과 빛, 발광체, 인간의 창조와 7일째에 창조주가 안식하셨음에 대해 증거하고 있다. 이는 두 기사 모두 공통 자료에서 기인한 것임을 시사한다.

연대적으로 볼 때 바벨론 창조 설화는 창세기보다 적어도 몇 백년 앞선 것이므로 비평가들은 모세가 이교도들의 자료를 참고해 창세기의 창조 기사를 재구성한 것이 분명하다고 주장한다.

그러나 하나님이 모세를 영감하여 이교도들의 자료에서 다신론적 내용을 제거하고 유일신론에 입각한 창조 기사를 다시 쓰도록 하셨을 것 같지는 않다. 혹자가 다른 사람의 자료를 차용할 경우, 그 내용을 단순화하기보다는 윤색하게 마련이라는 사실을 경험론적으로 알 수 있다. 밀러드(A. R. Millard)는 "히브리인들이 기존 자료를 차용하였다고 할 것 같으면 고대 근동의 다른 문헌이나 또 다른 히브리 사료와 구별되게 그 내용을 개정하고 윤색하며 재해석하였을 것이다"[8]라고 말한다. 창세기의 창조 기사는 명료하고 고상하며, 다른 창조 기사에서도 발견되는 동일한 내용을 생생하게 묘사하고 있다.

하나님이 모세 이전 세대들에게 창조 사건에 대해 계시하셨는데, 그것이 구전되는 중에 와전되었을 가능성이 농후하다. 그렇다면 창조 기사를 글로 기록할 당시, 고대 신화와 뒤범벅이 된 내용이 기록되었을 것이다. 즉 전체 개

8) Clifford A. Wilson, *Rocks, Relics and Biblical Reliability*(Grand Rapids: Zondervan, 1977), 23.

요는 완전하지만, 각 민족의 종교와 풍습에 따라 각색된 부분이 있을 것이다. 바벨론인들이 원래의 창조 기사를 다신론 사상에 입각해 윤색하였을 가능성이 큰 것이다.

하나님은 모세에게 창조 사건에 대해 정확하게 계시하셨다. 따라서 창세기의 창조 기사와 바벨론의 창조 설화가 유사하다는 사실은 인류가 최초에 공통의 자료를 갖고 있었음을 시사한다. 이는 곧 최초의 인류는 세상 만물이 어떻게 창조되었는지를 정확하게 알고 있었음을 의미한다.

앗술바니팔의 서고에서 발굴된 유물들 중에 관심을 끄는 또 다른 하나는 바벨론 홍수 설화가 적혀 있는, 소위 '길가메쉬 서사시'라고 하는 서판이다. 그 설화에 의하면, 신들이 우트나피시팀(메소포타미아의 노아)에게 장차 있을 홍수에 대비해 방주를 지어 생명체들을 보전하도록 경고하였다고 한다. 우트나피시팀이 방주를 건조한 후 가족들을 데리고 그 안으로 들어가자 예정대로 홍수가 시작되었다. 방주가 니시르 산에 당도하자 그는 비둘기와 제비, 까마귀를 방주 밖으로 날려보냈다. 비둘기와 제비는 방주로 되돌아왔지만 까마귀는 물이 줄어든 것을 보고서는 돌아오지 않았다. 가족과 함께 방주 밖으로 나온 우트나피시팀은 신들에게 희생 제사를 드렸다. 고고학자들은 이 홍수 설화가 창세기의 노아 홍수 기사와 단 두 곳만 상충될 뿐, 거의 일치함을 발견하였다.[9)]

창세기의 홍수 기사와 바벨론의 홍수 설화는 대홍수가 실제로 발생했었음을 확정해준다. 홍수 이후 노아의 자손들은 각지에 흩어져 살게 되었다. 노아 홍수 기사와 바벨론 홍수 설화가 상충된 부분이 있는 까닭은 그것이 구전되다가 글로 기록되는 과정에서 바벨론인들이 다신론 사상에 입각해 각색했기 때문

9) Robert T. Boyd, *Boyd's Handbook of Practical Apologetics*(Grand Rapids: Kregel, 1997), 143.

일 것이다. 그러므로 우리는 유사한 창조 기사들이 있으며, 그 내용 중 상충되는 부분이 있는 것에 대해 놀랄 필요가 없다. 하나님이 모세에게 창세기를 기록하도록 영감하셨을 때 그에게 주신 계시야말로 정확 무오한 것이었다.

갈대아 우르에서 바벨탑과 유사한 것으로 추정되는 지구라트가 발견되었다. 비문에 의하면, 신들이 우르남무 왕에게 지구라트를 건축하라고 명하였다 한다. 이 지구라트는 거대한 탑으로서 그 꼭대기에는 건축에 필요한 도구들을 발명한 왕의 명문(銘文)이 있다.

흥미로운 사실은 그곳에서 발굴된 한 서판에 창세기의 바벨탑 기사와 동일한 내용이 기록되어 있는 점이다. 화가 난 신들이 어느 날 밤에 탑을 무너뜨리자 사람들이 도처에 흩어져 버렸고, 그들의 언어 또한 제각각으로 바뀌었다고 한다. 이는 곧 바벨탑 사건이 역사상 실제로 일어난 사건임을 보여주는 증거이다.[10]

성경 비평학자들은 성경의 확실성을 뒷받침해주는 고고학적 증거들을 마지못해 받아들인다. 그러나 그들이 성경의 확실성에 대한 의구심을 떨쳐 버려야만 하는 예들이 있다.

- 비평학자들은 오랫동안 아브라함이 롯을 구출하였다는 창세기 14장의 기록이 역사상 잘못된 것이라고 주장하면서 세 가지 이유를 들었다. (1) 성경 외의 문헌에는 그돌라오멜과 동맹한 왕들의 이름이 나오지 않으므로 그들에 대한 이야기는 허구에 불과하다. (2) 바벨론 왕이 엘람 왕을 섬겼다고 하는 것은 역사상 불가능하다. (3) 아브라함의 종들이 강력한 왕들의 동맹군을 격파하였다고 하는 이야기는 불합리하다.

10) Ibid., 145.

그러나 고고학적 발굴 결과, 오히려 비평학자들의 주장이 잘못된 것임이 밝혀졌다. 그돌라오멜과 동맹한 왕들이 실존하였으며, 이 당시 바벨론 왕이 엘람 왕을 섬겼다고 하는 증거가 나왔다. 반역을 진압하기 위해 부족끼리 연합하여 원정길에 올랐다고 하는 기록이 새겨진 비문도 발굴되었다. 아브라함의 종들은 평소 군사 훈련을 받은 자들이었으므로 동맹군을 격파하고, 롯을 구출하며, 전리품을 탈취하였을 가능성이 충분하다.[11]

- 헷 족속은 성경 외의 고대 문헌에 언급되어 있지 않다는 이유로 오랫동안 그 존재가 부정되었다. 그러나 독일인 휴고 빙클러(Hugo Winckler) 교수가 1911–12년에 보가즈쾨이(Bogazköy)에서 1,000여 개의 점토 서판을 발견하였는데, 그 결과 그곳이 고대 헷 제국의 수도였음이 밝혀졌다. 그러므로 지금은 헷 제국의 실재를 부인하는 사람은 아무도 없다.

- 솔로몬이 이스라엘을 통치하였으며 수많은 병거와 마병을 거느렸다는 사실을 의심하는 학자들이 있었다. 그러나 다섯 개의 병거성 가운데 하나였던 므깃도에서 수천 개의 축사가 발굴됨으로써 그 같은 의문이 불식되었다(참조 왕상 10:26–29).

매달 새로운 고고학적 유물들이 발굴되고 있다. 「Biblical Archaeological Review」라는 잡지는 이에 관한 새로운 소식들을 보도하기에 바쁘다. 계속되는 고고학적 발굴 결과, 성경 시대의 역사와 풍습에 대한 이해의 폭이 점점 넓어지고 있다. 이제 성경이 고대 중동의 역사에 기초한 정확 무오한 기록이라는 사실은 그 누구도 부인할 수 없다. 성경의 지명, 연대기, 제국의 흥망 성쇠에 대한 기록은 일반 세계사의 기록과 정확히 일치한다. 역사적 사건에 대한 성경 기록이 믿을 만하다면, 조사 탐구할 수 있는 영역을 넘어선 문제들에

11) Hamilton, *The Basics of the Christian Faith*, 175–77.

대한 성경 기록 또한 믿을 만하다고 볼 수 있다.

1990년에 타임지는 '성경을 위한 근거'라는 제목 하에 여리고 성벽에 관한 칼럼을 다루었다.[12] 타임지는 여호수아가 여리고 성을 정복한 것이 실제 사건인지 신화인지를 논하면서 여리고 성벽이 성경에 기록되었듯이 일시에 무너진 것으로 확신하는 고고학자 브라이언 우드(Brian Wood)의 주장을 인용하였다. '성경을 위한 근거'를 다룬 타임지의 용기에 박수를 보낸다. 그러나 성경의 확실성을 입증해주는 수많은 고고학적 증거들이 쏟아져 나오고 있는 현실에 비추어 보아 그 칼럼의 제목을 '타임지를 위한 근거'로 바꾸는 것이 오히려 적절할 것이다.

2) 신약 고고학

비평가들은 그리스도의 탄생에 대한 누가의 기사가 역사적 허구로 가득 차 있다고 주장한다. 그들은 당시 가이사 아구스도가 인구 조사령을 내리지 않았으며, 구레뇨가 수리아의 총독으로 봉직한 것은 이후의 일이라고 주장한다. 그러면서 설령 인구 조사령이 선포되었다 하더라도 사람들이 반드시 자기 고향에 가서 호적하지 않아도 주거지에서 세금을 낼 수 있었다고 한다. 게다가 가장이 가족을 대표해 호적할 수 있었으므로 굳이 가족이 동행할 필요가 없었다고 주장한다.

저명한 역사가이자 고고학자인 윌리엄 람세이(William Ramsey)는 누가복음의 역사적 내용이 오류로 가득하다는 사실을 증명해 보이려고 탐구하다가 도리어 "누가복음의 역사적 내용은 정확 무오하다"라고 고백하였다. 그는 구레뇨가 수리아 총독으로 두 번 재직하였는데 한 번은 그리스도 탄생 당시이며, 또 한 번은 그 이후임을 확인하였다. 로마 제국 당시, 인구 조사를 실시한 주

12) "Score One for the Bible", *Time*, 5 March 1990, 59.

기에 따르면 누가복음에 언급된 인구 조사는 B.C. 6–5년경에 실시된 것으로 추정되는데 바로 그 무렵에 그리스도께서 탄생하셨다는 것이 정설이다.

고대 문헌에 의하면 인구 조사가 시행된 당시, 객지에 거주하는 자들이 고향으로 돌아가 호적을 게재해야 했음도 밝혀졌다. "나 가이우스 비비우스(애굽 주재 로마 관원)는 이유 여하를 막론하고 객지에 거주하는 모든 사람이 고향으로 돌아가 호적하도록 명하노라. 그 이유는 각자가 보유한 경작지는 그 사람의 출신지 행정 당국이 관리하도록 되어 있기 때문이다."[13)]

신약에 기록된 지명과 사건의 정확성을 뒷받침해주는 고고학적 자료들이 계속해서 발견되고 있다. 그 중 몇 가지 예를 들면 다음과 같다.

- 다섯 개의 행각이 있는 베데스다 못이 실제로 발굴되었다(요 5:2).

- 한때 빌라도가 실존 인물인지를 의심하는 학자들이 있었다. 그러나 가이사랴에서 발굴된 비문에 의해 그가 로마의 고위 관리였음이 확인되었다.

- 아테네에서 '알지 못하는 신'을 위한 제단이 실제로 발굴되었다(행 17:23).

신약의 지명, 연대기, 제국의 역사, 당시의 풍속에 대한 기록은 성경 외의 문헌의 기록과 정확히 일치한다.

13) Boyd, *Boyd's Handbook of Practical Apologetics*, 185–86.

신약 성경의 정확성을 확정할 수 있는 최상의 방법은 다른 역사서들을 검토 · 분석하는 것과 똑같은 기준을 적용해 그 책들을 검토하는 것이다. 존 워릭 몽고메리(John Warwick Montgomery)는 그의 저서 「역사와 기독교」(History and Christianity)에서 세 가지 검증 방법을 소개하고 있는데, 신약 성경에 적용할 수 있는 원리를 역사서에서 빌려 온 것이다.[14)]

첫째, 현재 우리가 갖고 있는 성경 본문 자체를 분석하는 '전기식 검증법'이 있다. 이러한 검증법을 통해 다음과 같은 질문에 대한 해답을 얻을 수 있다. 현재 우리가 갖고 있는 성경 본문은 믿을 만한 사본인가? 성경 원본과 현존하는 사본 간에는 약 250년이라는 시차가 있는데, 과연 우리가 믿을 만한 본문을 전수받았다고 확신할 수 있는가?

이에 대한 대답은 분명히 "확신할 수 있다"이다. 대영 박물관의 관장이자 수석 사서였던 프레드릭 케니언(Frederic Kenyon) 경의 말을 들어보자.

> "신약 성경만큼 원본과 현존하는 사본 간의 시차가 얼마 되지 않은 경우는 없다.…고대 그리스의 3대 비극 시인 중 한 사람인 소포클레스는 많은 작품을 썼는데 그 중 일곱 편이 현존하고 있다. 그런데 그가 작품을 쓴 때는 지금으로부터 1,400여 년 전의 일이다. 아이스킬로스, 아리스토파네스, 투키디데스도 마찬가지이고 유리피데스는 훨씬 오래인 1,600여 년 전에 작품 활동을 했다. 플라톤은 1,300여 년 전에, 데모스테네스는 1,200여 년 전에 작품을 남긴 자들이다."[15)]

14) John Warwick Montgomery, *History and Christianity*(Minneapolis: Bethany, 1965), 25–35.
15) Ibid., 26–27.

그런데도 불과 250여 년밖에 안 되는 시차가 마음에 걸린다면, 다음과 같은 사실들에 입각해 신약 성경 본문의 정확성을 확정할 수 있음을 기억하라. (1) A.D. 125년경에 기록된 파피루스 사본이 애굽에서 발견되었는데 현존하는 신약 성경의 내용과 일치하는 단편들이다. (2) 초대교회 교부들의 글에는 신약 성경이 많이 인용되어 있는데 현존하는 성경 본문의 내용과 일치한다.

계속해서 케니언 경의 말을 들어보자.

> "신약 성경의 원본과 현존하는 사본 간의 시차는 얼마 되지 않으므로 무시해도 좋다. 그러므로 이제는 더 이상 우리가 믿을 만한 본문을 전수받았는지 의심할 필요가 없다. 현존하는 신약 성경이 원본과 다름없는 책이라는 사실을 확신하라."[16]

필사자들이 필사하는 과정에서 실수를 범했으며, 사본을 만드는 과정에서 사소한 변화가 생길 수 있음을 인정하더라도 신앙의 초석인 성경 본문이 여전히 믿을 만하다는 사실을 부인할 수는 없다. 철자의 오기(誤記)나 어순의 변화, 부연 설명 등은 신학 교리에 절대적 영향을 미치지 못한다.

둘째, 성경 기자들의 주장을 살펴보는 '내적 검증법'이 있다. 성경 기자들은 자신이 기록한 사건들을 친히 목격하였다고 주장하는가, 아니면 믿을 만한 자료로부터 정보를 취하였다고 고백하는가? 요한은 그리스도의 십자가 수난을 비롯하여 자신이 책에 기록한 수많은 사건들을 직접 목격하였다고 주장했다(요 19:35). 누가 역시 자신이 친히 그리스도의 공생애를 목격하였음을 주장하면서 이렇게 기록했다. "[3]*그 모든 일을 근원부터 자세히 미루어 살핀 나도 데오빌로 각하에게 차례대로 써 보내는 것이 좋은 줄 알았노니* [4]*이는 각하가*

16) Ibid., 28.

알고 있는 바를 더 확실하게 하려 함이로라"(눅 1:3-4).

신약 성경 기자들은 자신도 믿지 못하는 내용을 기록하지 않았다. 그들은 의문나는 사항에 대해서는 충분히 검토한 다음 진리라고 확신하는 내용만을 기록하였다. 신약 성경의 대부분은 그 책에 기록된 사건들을 목격한 증인들이 생존하고 있던 당시에 기록되었다. 신약 성경 기자들은 이따금 자신의 기록이 진실이라는 사실을 증인들이 뒷받침해 줄 것이라고 언급했다. 바울은 그리스도의 육체적 부활을 목격한 증인들이 태반이나 살아 있음을 들어 그 사건이 실제적인 것임을 강조하였다(고전 15:6).

셋째, 성경 이외의 증거들을 살펴보는 '외적 검증법'이 있다. 성경의 확실성을 인정하거나 부인할 수 있는 사료(史料)들이 있는가? 이와 관련해 이미 고고학적 자료들이 있음을 살펴보았다. 초대교회 교부들의 저작과 타키투스(Tacitus) 같은 역사가들의 증언도 객관적 증거물이 되기에 충분하다.

가장 주목할 만한 사실은 유명한 역사가 요세푸스(Josephus)가 그리스도의 부활에 대해 언급한 점이다.

> "예수라고 하는 현자가 있었는데 그의 행실은 선했으며 성품은 고결했다.…그런데 빌라도가 그를 십자가에 못 박아 죽게 했다. 하지만 예수를 추종하던 자들은 제자로서의 신분을 내팽개치지 않았다. 그들은 예수가 십자가에 처형당한 지 사흘 만에 살아나 자신들에게 나타났다고 증거하였다."[17)]

타임지는 "무신론자들은 성경이 옛날 이야기에 불과함을 증명하지 못해 안

17) *Josephus, The Essential Writings*, ed. Paul Maier(Grand Rapids: Kregel, 1988), 264.

달하고 있다"라고 적절하게 논평하였다. 성경에는 정말 그 누구도 일일이 다 설명할 수 없는 동화 같은 내용들이 기록되어 있다. 버나드 램(Bernard Ramm)은 이런 말을 했다.

> "오래 전부터 성경의 죽음을 애도하는 종소리가 울려 퍼지고 장례식이 준비되며 묘비가 세워졌지만, 성경은 죽지 않고 여전히 살아 있다.
>
> 성경만큼 철저하게 난도질당하고, 해부되며, 비방당한 책은 없다. 회의론자와 박학다식하고 철두철미한 비평가들로부터 성경만큼 혹독한 공격을 당한 철학, 종교, 물리, 고전 문학, 현대 서적이 과연 있는가?
>
> 그럼에도 불구하고 아직도 수백만의 사람들이 성경을 사랑하며, 계속 성경을 묵상하고 있다."[18]

성경이 이토록 장수하고 있는 이유는, 성경 기자가 아닌 성경을 영감하신 하나님에게서 찾아볼 수 있다. "*풀은 마르고 꽃은 시드나 우리 하나님의 말씀은 영원히 서리라 하라*"(*사 40:8*).

우리는 아브라함이 동맹군을 격파하고서 롯을 구출하였으며, 구레뇨가 수리아 총독으로 봉직하였다고 하는 성경 기록을 그대로 믿는다. 또한 "*사람이 거듭나지 아니하면 하나님의 나라를 볼 수 없느니라*"(*요 3:3*)고 하는 말씀이 진리임을 믿는다.

앞서 강조하였듯이 성경 역사의 확실성을 믿는 것보다 더 중요한 것은 기독교 신앙이다. 성경 역사와 성경 신학을 믿기 위해서는 특별한 믿음이 요구되

18) Bernard Ramm, *Protestant Christian Evidences*(Chicago: Moody, 1957), 232–33.

는데, 믿음은 하나님의 선물이다.

신약 성경 기자들은 자신의 믿음이 사실에 근거한 것임을 주장하였다. 변화산 상에서 그리스도의 모습이 변형되는 것을 친히 목격한 베드로는 이렇게 기록했다. *"우리 주 예수 그리스도의 능력과 강림하심을 너희에게 알게 한 것이 교묘히 만든 이야기를 따른 것이 아니요 우리는 그의 크신 위엄을 친히 본 자라"(벧후 1:16).* 성경의 확실성을 입증하는 증거를 아무리 많이 제시할지라도 끝끝내 의심하는 자들에게는 충분치 않을 것이다. 그러므로 의문을 제기하는 자세뿐만 아니라 객관적 증거에 눈과 귀를 기울이는 겸허한 태도 또한 필요함을 강조하지 않을 수 없다.

특주 사해 사본(The Dead Sea Scrolls)

우리는 종종 이런 의문을 표하곤 한다. 현재 우리가 갖고 있는 성경이 정확하게 전수되었다는 사실을 어떻게 알 수 있는가? 현존하는 성경은 사본의 사본인데 본문 내용이 원본과 정확하게 일치하는지를 어떻게 알 수 있는가? 신약 성경에 대해서는 이미 이런 의문에 대한 답을 살펴보았지만, 구약의 경우는 어떠한가?

'사해 사본'이 발견된 덕분에 구약 성경 본문이 오랜 전수 과정에도 불구하고 본질적으로 변하지 않았음을 확신할 수 있다. 이토록 중요한 사해 사본이 발견된 경위를 간략히 설명해보면 다음과 같다.

1947년 3월, 사해 부근에서 잃어버린 염소를 찾아 헤매던 한 베두인족 목동이 들짐승을 쫓기 위해 던진 돌에 무언가가 맞아 깨지는 소리가 났다. 인근에 있던 동료들을 불러 함께 그 소리가 난 동굴 안으로 들어간 그는 그곳에서 몇 개의 큰 항아리를 발견하였다. 그 항아리 속에는 아마포로 둘러싼 가죽 두루마리와 파피루스 문서가 들어 있었다. 목동들은 그것들을 갖고 나가 베들레헴에 사는 한 골동품 상인에게 헐값에 밀매하였다. 그 문서들의 중요성을 인식하지 못한 상인은 예루살렘에 거주하는 수리아 학자에게 그것들에 대해 이야기하였다. 그 학자는 몇 개의 문서를 매입해 예루살렘의 성 마가 수도원에 보관하였다. 그 문서들의 중요성을 인식한 수리아 학자는 예루살렘에 있는 도미니크 교단 산하의 성서 고고학회(Ecole Biblique)에 조언을 구하였다. 수도원을 방문한 네덜란드 학자는 그 문서들 중 하나가 이사야서의 고대 사본임을 확인하고서 학회로 돌아와 그 사실을 보고하였다.

이렇게 하여 수도원을 방문한 예루살렘의 히브리 대학 사서 두 명은 고문서학 전문가가 그 문서들을 검토해야 한다는 결론을 내렸다. 1947년 11월, 미국에서 예루살렘으로 돌아온 히브리 대학의 슈케닉(E. L. Sukenik) 교수는 그 문서들을 검토한 후, "이것들은 지금까지 팔레스타인에서 발견된 유물 가운데서 가장 귀중한 사본들 중 하나이다"라고 발표하였다.

그 후 사해 주변의 동굴들을 샅샅이 뒤진 결과, 여러 동굴에서 또 다른 사본들이 발견되었다. 한 동굴에서는 서고로 추정되는 시설이 발견되었으며, 그 외에도 중요한 유물들이 발견되었다.

어떻게 해서 이 동굴들에 사본들이 보관되었을까?

B.C. 140년, '에세네파'로 불린 경건한 유대인들이 예루살렘을 떠나 유대 산지의 동굴들에서 공동체 생활을 영위하기 시작하였다. '쿰란'이라고 하는 그 동굴들에서 에세네파는 기존의 두루마리 구약 성경들을 간수하고 모세의 율법과 선지서들을 필사해 보존하는 일에 힘썼다.

A.D. 60년경, 유대인들의 반란에 지친 로마 당국은 에세네파를 비롯한 유대 공동체를 팔레스타인 전역에서 궤멸하기로 결정했다. 로마 군대가 여리고를 떠나 쿰란으로 진군하자 에세네파는 즉각 사본들을 여러 동굴에 감추고 피신했다. 이렇게 해서 그 사본들은 약 2,000년 동안 안전하게 보존될 수 있었다. 이 사본들이 그토록 중요한 이유는 무엇인가?

사해 사본을 발견하기 전까지는 A.D. 800년경에 기록된 것이 가장 오래된 구약 사본이었다. 이 히브리어 구약 사본은 '맛소라 학파'가 기록하였기 때문에 '맛소라 본문'으로 불린다. 맛소라 학파는 구약 성경 본문을 정확하게 필사하기 위해 최선을 다한 자들이었다.

사해 사본을 발견하기 전까지는 가장 오래된 히브리어 구약 사본의 기록 연대가 A.D. 800-1000년경에 불과하다고 해서 이상하게 생각하지 말라. 플라톤과 아리스토텔레스의 작품들을 필사한 가장 오래된 복사본은 A.D. 1600년경에 기록된 것뿐이다. 문제는 그 사본들이 정확하게 기록되었으며, 전혀 훼손되지 않고 잘 보존되었느냐 하는 것이다. 다행히 사해 사본들은 건조한 지역의 시원한 동굴에 보관되었기 때문에 오랜 세월에도 불구하고 잘 보존되었다. 신중하게 사본을 필사하고 잘 건사한 필사자들에게 감사하지 않을 수 없다.

원본을 정확하게 복원하기 위해서는 원본에 가장 가까운 사본들이 있어야 하는데, 사해 사본이 발견되었기 때문에 그 일이 가능하게 되었다. 사해 두루마리 사본 중에는 맛소라 본문보다 800년에서 1,000년 정도 더 오래된 것으로 추정되는 것들도 있다. 쿰란에서 발견된 사해 사본은 에스더를 제외한 구약 성경 전체의 것이다. 그곳에서는 외경 사본이 한 권도 발견되지 않은 점이 흥미롭다. 사해 두루마리 사본 중 가장 중요한 것은 이사야 사본이다. 성경 학자들은 기존의 사본들을 사해 사본과 비교 검토하는 작업에 착수했다.

그 결과는 어떠하였을까?

첫째, 현재 우리가 갖고 있는 구약 성경 본문은 사해 사본의 본문과 정확히 일치하였다. 예를 들면, 이사야서를 맛소라 본문과 비교한 결과 거의 일치하였다. 글리슨 아처(Gleason L. Archer) 박사는 이런 증언을 하였다. "이사야서의 사해 두루마리 사본과 맛소라 본문은 95%가 정확히 일치하였다. 나머지 5%의 차이점도 대개 철자가 잘못된 것들에 지나지 않았다."[19]

계속해서 그의 증언을 들어보자.

> "166개의 단어로 이루어진 이사야 53장을 예로 든다면, 17개의 단어가 서로 달랐다. 그 중 10개는 단지 철자가 틀렸을 뿐이므로 의미상의 변화에 전혀 영향을 미치지 않았다. 4개는 접속사가 달라진 것이며, 나머지 3개는 단어가 추가된 경우이다. 예를 들면 11절에 '빛'이란 단어가 추가된 경우로서, 이 역시 한 문장의 의미에 그리 큰 영향을 미치지는 않았다."[20]

이사야서의 사해 두루마리 사본보다는 맛소라 본문이 더 정확하다고 주장하는 학자들이 많다. 이들의 주장이 사실이라면 맛소라 학자들이 사해 두루마리 사본보다 더 정확한 사본을 만들기 위해 노력했으며, 오늘날 우리가 소유하고 있는 성경 본문은 바로 그 사본에 기초해 만들어진 것임을 의미한다.

밀라 부로우즈(Millar Burrows)는 그의 저서「사해 두루마리 사본」(The Dead Sea Scrolls)에서 이런 말을 했다. "1,000여 년의 세월이 경과했음에도 불구

19) Norman L. Geisler and William E. Nix, *A General Introduction to the Bible*, rev. and exp. ed.(Chicago: Moody, 1986), 367.
20) Geisler and Nix, *A General Introduction to the Bible*(Chicago: Moody, 1968), 263.

하고 성경 본문에 별다른 변화가 없었다고 하는 것은 경이적인 일이다."[21)]

필사자들은 사본 한 페이지를 필사할 때마다 단어 수를 세고, 단어 수가 정확히 일치하는지를 확인하였다고 한다. 이처럼 필사 과정에서 정확성을 기하였기 때문에 히브리어 구약 성경 본문은 원본과 거의 일치한다고 볼 수 있다는 것이 성경학자들의 견해이다. 사해 사본의 발견 결과, 이들의 견해는 보다 더 신빙성을 지니게 되었다.

둘째, 사해 사본 가운데서도 메시아의 죽음을 시사하는 본문이 발견되었다. 물론 그 사본들에는 '지팡이', '다윗의 가지', '이새의 뿌리'와 같은 '메시아'를 상징하는 단어들이 사용되었다. 그리스도 당시, 대다수 유대인들은 자신들을 로마 지배에서 해방시켜 줄 정치적 메시아를 대망하였다. 그러므로 메시아가 고난당하며 죽게 되리라고 믿은 자들은 거의 없었다.[22)] 그럼에도 불구하고 사해 사본에 메시아의 죽음이 시사되어 있음은 그 본문이 구약 성경 원본과 정확히 일치함을 증거해준다.

사해 사본이 발견된 덕분에 오늘날 우리가 갖고 있는 성경이 원본과 다름없는 믿을 만한 사본임을 주장할 수 있게 되었다. 하나님의 말씀이 오랜 세월에도 불구하고 전혀 훼손되지 않고 안전하게 보존되었으므로 우리는 우리를 향한 하나님의 뜻과 미래를 위한 하나님의 계획을 분명히 알 수 있다고 할 수 있다.

밀라 부로우즈의 말을 인용함으로 결론을 대신하겠다. "일반 독자들과 성경을 묵상하는 성도들은 오늘날 우리가 갖고 있는 성경이 원본과 거의 일치하므로 성경의 가르침을 이해하는데 전혀 문제가 없음을 알고 안심해도 된다."[23)]

21) Millar Burrows, *The Dead Sea Scrolls*(New York: Viking, 1958), 304; Geisler and Nix, *A General Introduction to the Bible*(1986), 367에 인용되어 있음.
22) Boyd, *Boyd's Handbook of Practical Apologetics*, 175-77.
23) Geisler and Nix, *A General Introduction to the Bible*(1968), 263.

성경의 예언

예언적 이유

3

다이애나 황태자비가 죽기 전, 한 심령술사가 다이애나는 도디 알 페이드(Dodi Al Fayed)와 결혼할 것이라고 예언했다. 그 여자 예언자는 여러 가지 의미로 해석될 수 있는 모호한 예언들을 했는데, 그 중 하나가 사실과 맞아떨어졌다면 그녀는 유명해졌을 것이다. 그러나 그녀가 고객들을 대상으로 해 준 예언이 틀리기 일쑤였기 때문에 그녀는 곤욕을 치르곤 했다. 불가사의한 사건은 초자연적 현상에 해당하는 일이다.

때로는 장난삼아 한 예언이 우연히 맞아떨어질 수도 있다. 여러분이 미래의 일을 예언하였는데 적중했다면, 친구들은 물론 한 번도 만나본 적 없는 사람들조차 여러분을 우러러보며 여러분의 능력에 경이감을 표할 것이다. 그러나 여러분의 가족과 친척들은 의문을 표하면서 우연의 일치로 단정해 버리고 말 것이다.

이제 잠시 노스트라다무스(Nostradamus)의 예언에 대해 살펴보기로 하자.

노스트라다무스는 종종 놋쇠로 된 의자에 앉아 황홀경에 잠기곤 했다. 그가 영감을 얻는데 사용한 삼각대는 피라미드처럼 생겼었다. 그는 "마음을 비우고 정신을 집중하면 심령이 평안해진다"라고 말했다. 그는 4행시로 된 1,000여 편에 달하는 예언시를 남겼는데, 사발에 담긴 뜨거운 물에서 피어오르는 증기를 바라보면서 시를 지었다고 한다. 그 시들 중에는 불어뿐만 아니라 구 프로방스어와 라틴어로 기록된 것들도 있다.

노스트라다무스는 언어 유희와 숫자로 된 암호, 수수께끼를 즐겼었다. 그는 쉬운 단어도 순서를 뒤바꾸어 그 의미를 모호하게 만들곤 했다. 노스트라다무스는 1566년 프랑스에서 죽었지만, 그가 미래에 관한 수많은 예언을 하였다고 믿는 사람들이 많다.

자신의 운명에 대해서까지 예언한 노스트라다무스가 예언가로서 일약 명성을 떨치게 된 것은 우연한 계기에 의해서였다. 프랑스의 아비뇽에서 공부하던 그는 비술과 점성술에 심취했었다. 그때 한 귀족이 그를 찾아와 조언을 구하였는데, 그가 해 준 예언 덕분에 그 귀족은 다행히도 화를 면할 수 있었다.

노스트라다무스는 미래의 일에 대해 얼마나 많이 알고 있었을까? 그가 히틀러에 대해서도 예언하였다고 믿는 사람들이 있다. 그의 예언시를 소개하겠으니 직접 평가해보라.

> 그 때 금성에서 그리 멀지 않은 곳에서
> 아시아와 아프리카의 위대한 사람이 나타나
> 라인강과 이스터로부터 왔다고 할 것이니
> 말타 섬과 이탈리아 해안에서 비명과 눈물이 있으리라.[1)]

이 예언시에는 히틀러란 이름이 언급되어 있지는 않지만, 그의 추종자들은 '이스터'가 바로 '히틀러'를 가리킨다고 주장한다. 그러나 '라인강과 이스터로부터 왔다고 할 것이니'를 '라인강과 다뉴브 하류에서 왔다고 할 것이니'로 해석하는 학자들도 있음에 비추어 보아 '이스터'는 히틀러가 아닌 강 이름을 가리키는 것으로 추정된다.

이상의 견해 중 어느 쪽이 맞는 것인지 판단하기 힘들다면, 노스트라다무스가 히틀러의 죽음을 예언한 것이라고 하는 시를 살펴보자.

> 논나이르에서 출생한 사람이 쇠로 아비를 살해하리니
> 결국 고곤의 피가 솟구치며
> 이방은 온통 침묵에 잠기고
> 그는 자신과 자신의 애매한 글을 불사르리라.[2)]

이 시가 무엇을 예언한 것인지에 대해서는 학자들마다 의견이 분분하다. 다만 표면적 의미로 보아 사람들을 파멸의 도가니로 몰아넣을 뿐만 아니라 그 자신도 비참한 최후를 맞이하는 비극적 사건에 대해 예언한 것으로 추정될 뿐이다.

다음 4행시를 읽고서 이것이 20세기의 비극적 사건에 대해 예언한 것으로 짐작되는지 판단해보라.

> 그 날 위대한 사람이 천둥 번개에 맞아 쓰러지리니
> 사악한 행위는 탄원서를 가져온 사람에 의해 예고된다.
> 그 예언에 의하면 또 한 사람은 밤에 쓰러진다.

1) Ray Comfort, *The Secrets of Nostradamus Exposed*(Bellflower, Calif.: Living Waters, 1996), 47.
2) Ibid., 49.

랭스와 런던에는 싸움이, 터스커니에는 흑사병이 있으리라.[3)]

학자들은 이 시를 미대통령 케네디와 그의 동생 로버트가 암살당할 사실을 예언한 것으로 풀이한다. 그러나 "그 날 위대한 사람이 천둥 번개에 맞아 쓰러지리니"라는 구절이 케네디가 총탄에 맞아 쓰러지는 것을 의미한다 치더라도 '탄원서를 가져온 사람'은 도대체 누구를 가리키는가? 그리고 밤에 쓰러지는 또 한 사람이 로버트 케네디를 가리키는 것이라면, 그의 죽음과 "랭스와 런던에는 싸움이, 터스커니에는 흑사병이 있으리라"는 예언은 무슨 연관이 있는가?

노스트라다무스의 시를 연구하는 학자들 가운데, 이 시의 의미를 전혀 달리 해석하는 사람들도 있다. 그들은 이 시를 히틀러의 체코슬로바키아 침공과 영국과 프랑스의 반목을 예언한 것으로 풀이한다. 이처럼 학자들은 노스트라다무스의 모든 시를 제각기 해석하고 있다. 심지어 2차 세계 대전 당시, 히틀러와 그의 동맹국들은 노스트라다무스의 시를 인용해 그가 자신들의 승리를 예언하였다고 선전하기까지 했다.

우리는 노스트라다무스의 예언시들에 대해 어떠한 평가를 내려야 하는가? 첫째, 그의 시들은 대개 해석하기에 너무 난해하다. 더욱이 그가 정확한 연대를 언급한 경우는 단 한 차례로서 그는 적그리스도와 1999년이라는 특정 연도를 서로 연관지었다. 이 1999년에 대해 적그리스도가 출생하는 해라고 해석하는 학자들이 있는가 하면, 적그리스도가 출현하는 해라고 풀이하는 학자들도 있다. 이처럼 노스트라다무스가 1999년이라는 특정 연도를 언급하긴 했지만, 그때 정확히 무슨 일이 일어나게 되는지는 모호하기 그지없다.

둘째, 노스트라다무스의 예언들 중에 실제로 적중한 경우와 유사한 사건이 발

3) Ibid., 55.

생한 경우가 있음에 대해서는 인정치 않을 수 없다. 그에게는 프랑스 국내의 사건뿐만 아니라 몇몇 세계적 사건을 예견할 수 있는 능력이 있었던 것 같다.

그렇다면, 그의 이 같은 능력의 원천은 무엇이었을까? 성경에 의하면, 하나님에게서 비롯된 것이거나 사탄에게서 비롯된 것임을 알 수 있다. 그러나 이러한 두 가지 사실에 비추어 볼 때 하나님이 노스트라다무스에게 예언의 능력을 부여하신 것 같지는 않다. 그 이유는 첫째, 그는 성경이 엄격히 금지한 점성술에 심취했었기 때문이다. 하나님은 이스라엘 백성에게 별을 보고서 점치는 자들을 제하여 버리라고 명하셨다(사 47:12-14). 그런데도 노스트라다무스는 하나님이 엄금하신 점성술을 사용해 앞일을 예견하였다.

둘째, 노스트라다무스의 열렬한 추종자들조차 이따금 그가 잘못된 예언을 행하였음을 시인하기 때문이다. 성경은 단 한 번이라도 잘못된 예언을 행하는 자는 거짓 선지자로 간주해야 한다고 분명히 가르치고 있다. 사실, 하나님으로부터 계시를 받은 선지자라면, 단 1%도 틀린 예언을 할 수 없다. 그러므로 구약 율법에는 거짓 선지자를 돌로 쳐 죽이도록 규정되어 있다(신 18:20).

거짓 선지자들도 이따금 앞일을 정확히 예견할 수 있음을 기억하라. 그렇다고 해서 그들이 하나님의 계시의 말씀을 대언하는 자들은 아니니 그들에게 미혹되어서는 안 된다.

> *"[1]너희 중에 선지자나 꿈 꾸는 자가 일어나서 이적과 기사를 네게 보이고*
> *[2]그가 네게 말한 그 이적과 기사가 이루어지고 너희가 알지 못하던 다*
> *른 신들을 우리가 따라 섬기자고 말할지라도 [3]너는 그 선지자나 꿈 꾸는*
> *자의 말을 청종하지 말라 이는 너희의 하나님 여호와께서 너희가 마음*
> *을 다하고 뜻을 다하여 너희의 하나님 여호와를 사랑하는 여부를 알려*
> *하사 너희를 시험하심이니라…[5]그런 선지자나 꿈 꾸는 자는 죽이라 이*

는 그가 너희에게 너희를 애굽 땅에서 인도하여 내시며 종 되었던 집에서 속량하신 너희의 하나님 여호와를 배반하게 하려 하며 너희의 하나님 여호와께서 네게 행하라 명령하신 도에서 너를 꾀어내려고 말하였음이라 너는 이같이 하여 너희 중에서 악을 제할지니라"(신 13:1-5).

거짓 선지자도 간혹 앞일을 정확히 예견할 수 있지만, 장래의 모든 일을 정확하게 예언할 수 있는 분은 오직 하나님뿐이시다. 그러므로 별의 움직임을 관찰하여 유명한 정치인의 운명을 정확히 예언한 노스트라다무스가 잘못된 예언을 한 경우가 왕왕 있다고 해서 그리 놀랄 일이 아니다. 추측컨대, 그는 사탄의 장중에 붙들리어 사람들을 두렵게 만드는 역사적 사건들을 예언하게 되었던 것 같다.

노스트라다무스의 예언서와 달리 성경에는 특별하고, 명확하며, 100% 정확한 예언들이 기록되어 있다. 그러므로 성경 기자들은 하나님이 친히 영감하신 자들이라고 단정할 수 있다.

성경의 예언

성경의 예언들은 수수께끼 형태로 기록되지도, 그 의미가 모호하지도 않다. 성경은 장차 일어날 일들과 관련해 언제, 어디에서, 누가, 무슨 일을, 어떻게, 왜 하게 되는지 명확히 계시하고 있으므로 누구든지 그 의미를 쉽게 이해할 수 있다.

하나님의 계시를 받은 선지자들은 마치 역사가가 과거의 일에 대해 정확히 기록하듯이 미래의 일들에 대해 정확히 예언할 수 있었다. 하나님은 장래 일을 옛적 일처럼 다 알고 계신다. "[9]*너희는 옛적 일을 기억하라 나는 하나님이*

라 나 외에 다른 이가 없느니라 나는 하나님이라 나 같은 이가 없느니라 [10]내가 시초부터 종말을 알리며 아직 이루지 아니한 일을 옛적부터 보이고 이르기를 나의 뜻이 설 것이니 내가 나의 모든 기뻐하는 것을 이루리라 하였노라"(사 46:9-10). 성경의 예언들이 정확히 성취된 경우를 살펴보면, 성경이 하나님의 말씀임을 더욱더 확신할 수 있다.

하나님은 우리에게 자신의 예언과 이방 종교들의 예언을 비교해 보라고 말씀하신다(사 41:21-29). 하나님은 이스라엘 백성에게 그들의 선지자들이 참된 예언을 하였는지 살펴보라고 말씀하셨다. 이제 몇 가지 성경 예언들을 차례로 살펴보자.

1) 바사 왕 고레스에 대한 예언

성경은 하나님이 이 세상 모든 나라를 다스리고 계심을 증거한다. 하나님은 미래의 모든 일을 알고 계실 뿐만 아니라 자신의 계획대로 모든 일을 하나하나 진행해 나가신다. 그러므로 하나님이 장차 출현할 인물들과 나라들에 대해 정확히 알고 계심은 너무나 당연한 일이다.

지금으로부터 150년 후의 미국 대통령이 누구이며, 그의 가장 중요한 대내외적 정책 결정이 무엇일지 정확히 예언할 수 있는 사람이 과연 있겠는가? 그러한 예언은 오직 하나님만이 하실 수 있을 뿐이다.

하나님은 바사 왕 고레스에 대해 정확히 예언하셨다. 그 역사적 배경에 대해 잠시 살펴보자. 이사야 선지자가 이사야서를 기록할 당시(B.C. 700-680년), 바벨론은 아직 역사의 전면에 그 모습을 드러내지 않았었다. 그러나 이사야는 바벨론이 예루살렘을 함락시키고 유다 백성을 포로로 잡아갈 것이라고 예언하였는데, 100여 년 후 정확히 성취되었다. 예루살렘 성은 세 차례의 포위 공격을 당한 끝에 결국 B.C. 586년에 함락되고 말았다.

이사야는 바벨론의 예루살렘 함락뿐만 아니라 바사 제국의 바벨론 정복에 대해서도 예언하였다. 이사야가 이사야서를 기록할 당시, 바사는 앗수르에 조공을 바치면서 생존을 모색한 약소 국가에 불과했다. 그러나 이사야는 바사가 장차 세계 대제국으로 성장해 바벨론을 정복하리라고 예언하였는데, 훗날 정확히 성취되었다. 이뿐 아니다. 그는 바사 왕이 바벨론 포로로 지내던 유다인들의 예루살렘 귀환을 허용하리라고 예언하였는데, 이 역시 그대로 성취되었다.

하나님의 대언자인 이사야가 장차 유다인들의 예루살렘 귀환을 허용할 바사 왕의 이름을 정확하게 예언한 것은 정말로 놀라운 일이다. 이사야는 그런 예언을 하면서 "나 여호와가 말하노라"는 말을 되풀이하였다. 이는 곧 하나님이 이사야의 입을 빌어 친히 계시의 말씀을 선포하셨음을 의미한다.

> *"26 그의 종의 말을 세워 주며 그의 사자들의 계획을 성취하게 하며 예루살렘에 대하여는 이르기를 거기에 사람이 살리라 하며 유다 성읍들에 대하여는 중건될 것이라 내가 그 황폐한 곳들을 복구시키리라 하며… 28 고레스에 대하여는 이르기를 내 목자라 그가 나의 모든 기쁨을 성취하리라 하며 예루살렘에 대하여는 이르기를 중건되리라 하며 성전에 대하여는 네 기초가 놓여지리라 하는 자니라"(사 44:26-28).*

여기서 고레스는 유다인들을 본토로 되돌리고 예루살렘을 중건하게 할 자로 언급되어 있다. 이사야는 고레스가 태어나기 백 몇 십 년 전에 이미 그의 이름과 외교 정책에 대해 정확히 예언한 셈이다.

고레스에 대한 예언을 좀더 살펴보자.

> *"1 여호와께서 그의 기름 부음을 받은 고레스에게 이같이 말씀하시되 내가 그의 오른손을 붙들고 그 앞에 열국을 항복하게 하며 내가 왕들의 허*

리를 풀어 그 앞에 문들을 열고 성문들이 닫히지 못하게 하리라…[3]네게 흑암 중의 보화와 은밀한 곳에 숨은 재물을 주어 네 이름을 부르는 자가 나 여호와 이스라엘의 하나님인 줄을 네가 알게 하리라"(사 45:1-3).

바사 제국의 창건자인 고레스가 B.C. 559-530년에 바사를 통치하였으며, B.C. 539년에 바벨론을 정복하였음은 모든 역사가들이 인정하는 사실이다. 그들은 고레스가 바벨론을 정복한 직후인 B.C. 538년에 유다인들의 본토 귀환을 허용하는 조서를 반포하였다고 증거한다. B.C. 700-680년에 이사야서를 기록한 이사야 선지자가 그때로부터 백 몇 십 년 후의 일에 대해 수학자들이 수학 공식을 푸는 것보다 더 정확하게 예언하였다니 놀랍지 않은가?

에스라는 고레스에 대한 예언이 그대로 성취되었음을 이렇게 기록하였다. *"바사 왕 고레스 원년에 여호와께서 예레미야의 입을 통하여 하신 말씀을 이루게 하시려고 바사 왕 고레스의 마음을 감동시키시매 그가 온 나라에 공포도 하고 조서도 내려 이르되"(스 1:1).* 이처럼 하나님은 백 몇 십 년 전에 이미 고레스가 유다인들의 본토 귀환령을 내릴 사실에 대해 예언하셨다.

하나님은 왜 이토록 놀라운 예언을 하셨을까?

첫째, 이사야 44장에서 하나님은 거짓 선지자들의 지식이 어리석음을 드러내기 위해 참 선지자들의 예언이 성취되게 하시리라고 말씀하셨다. *"[24]네 구속자요 모태에서 너를 지은 나 여호와가 이같이 말하노라 나는 만물을 지은 여호와라 홀로 하늘을 폈으며 나와 함께 한 자 없이 땅을 펼쳤고 [25]헛된 말을 하는 자들의 징표를 폐하며 점 치는 자들을 미치게 하며 지혜로운 자들을 물리쳐 그들의 지식을 어리석게 하며 [26]그의 종의 말을 세워 주며 그의 사자들의 계획을 성취하게 하며 예루살렘에 대하여는 이르기를 거기에 사람이 살리라 하며 유다 성읍들에 대하여는 중건될 것이라 내가 그 황폐한 곳들을 복구시키리라 하며"*

(사 44:24-26). 자신의 지혜를 자랑하는 점성가들은 수치를 당하게 될 것이지만, 모든 일을 다 알고 계시는 하나님은 영원토록 영광받으실 것이다.

둘째, 우리가 하나님의 놀라운 역사를 깨닫고 존귀와 영광을 돌리도록 하기 위함이다. 하나님은 세상 사람들로 하여금 자신이 우주 만물을 창조하고 다스리는 분이심을 알게 하기 위해 고레스를 택하였다고 말씀하셨다. *"5 나는 여호와라 나 외에 다른 이가 없나니 나 밖에 신이 없느니라 너는 나를 알지 못하였을지라도 나는 네 띠를 동일 것이요 6 해 뜨는 곳에서든지 지는 곳에서든지 나 밖에 다른 이가 없는 줄을 알게 하리라 나는 여호와라 다른 이가 없느니라"(사 45:5-6).*

하나님의 예언이 빗나갔다면 그분의 위신이 추락했을 것이지만, 인간의 역사는 모든 예언이 정확히 성취되었음을 보여준다. 장래 일을 알고 계신 하나님은 선지자들로 하여금 마치 과거 일을 기록하듯 장차 일어날 일에 대해 명확하게 기록하도록 하셨다.

2) 두로에 대한 예언

몇 년 전, 레바논에 위치한 옛 도시 두로를 방문했었다. 현지 안내인이 둑길을 걷고 있는 우리 일행에게 "여러분은 성경에 나오는 예언이 그대로 성취된 역사의 현장을 걷고 있습니다"라고 설명하였다. 그는 성경 역사를 정확히 알고 있었다.

그 역사적 배경은 이렇다. 에스겔 선지자는 하나님이 바벨론 왕 느부갓네살로 하여금 기마병과 백성의 큰 무리를 거느리고 와서 두로를 공격하도록 할 것이라고 예언하였다. 에스겔서에는 이 사건이 두로에 대한 하나님의 심판으로 언급되어 있다.

"[3]그러므로 주 여호와께서 이같이 말씀하셨느니라 두로야 내가 너를 대적하여 바다가 그 파도를 굽이치게 함 같이 여러 민족들이 와서 너를 치게 하리니 [4]그들이 두로의 성벽을 무너뜨리며 그 망대를 헐 것이요 나도 티끌을 그 위에서 쓸어 버려 맨 바위가 되게 하며 [5]바다 가운데에 그물 치는 곳이 되게 하리니 내가 말하였음이라 주 여호와의 말씀이니라 그가 이방의 노략 거리가 될 것이요 [6]들에 있는 그의 딸들은 칼에 죽으리니 그들이 나를 여호와인 줄을 알리라"(겔 26:3-6).

에스겔은 바벨론 왕 느부갓네살이 말과 병거와 기병과 군대를 거느리고 와서 두로를 공격할 때, 그가 두로인들을 학살하리라고 예언하였다. 그리고 이어 다음과 같이 예언하였다.

"[12]네 재물을 빼앗을 것이며 네가 무역한 것을 노략할 것이며 네 성을 헐 것이며 네가 기뻐하는 집을 무너뜨릴 것이며 또 네 돌들과 네 재목과 네 흙을 다 물 가운데에 던질 것이라…[14]너를 맨 바위가 되게 한즉 네가 그물 말리는 곳이 되고 다시는 건축되지 못하리니 나 여호와가 말하였음이니라 주 여호와의 말씀이니라"(겔 26:12-14).

이상의 예언들을 정리해보자.

1. 느부갓네살이 두로를 파괴할 것이다.
2. 많은 나라가 두로를 대적할 것이다.
3. 두로는 말간 반석처럼 폐허화 될 것이다.
4. 어부들이 그 자리에 그물을 펼칠 것이다.
5. 두로의 잔해는 물 속에 잠겨 재건되지 못할 것이다.

이 모든 예언은 느부갓네살과 알렉산더 대왕에 의해 성취되었다. 역사적 전말을 이해하려면 두로가 연안에 자리한 성읍과 섬에 자리한 성으로 이루어졌음을 알아야 한다. 느부갓네살은 연안에 자리한 두로 성을 13년 동안 포위 공격한 끝에 함락시켰다. 그러나 그때 그 성읍 주민 중 많은 사람들이 배를 타고서 섬으로 피신할 수 있었다. 그들은 바닷가에서 800m 정도 떨어진 그 섬에 강력한 요새를 건설하였다. 연안의 두로 성읍을 함락시키느라 군사력을 소진한 느부갓네살은 그 섬을 공략하지 못하였다.

비록 연안의 성읍은 황폐화되었지만, 섬에 건설된 두로 성은 이후 240년 동안 건재하였다. 그러므로 두로의 잔해가 물 속에 잠겨 재건되지 못하고, 많은 나라가 두로를 대적할 것이라고 한 에스겔의 예언은 빗나간 듯이 보인다.

그러나 하나님의 말씀은 변개함이 없으니 마침내 알렉산더 대왕이 반역의 성읍 두로를 치기 위해 군사를 이끌고 나타났다. 그가 바사를 정복한 다음 팔레스타인 연안으로 진군하여 두로 부근에 당도한 때는 B.C. 333년이다. 자신의 배후에 두로 같은 강력한 성읍을 남겨 둔 채 애굽 원정길에 오르는 것은 어리석은 전략이라고 생각한 그는 섬의 요새를 정복하고 두로의 전함들을 궤멸시키기로 결심했다.

알렉산더는 자신이 섬기는 헤라클레스(Hercules) 신에게 두로를 정복할 수 있는 신탁을 구하였지만 얻지 못하였다. 이때 알렉산더의 군사들은 대왕이 바라는 것이 두로의 요새 안으로 침투하여 그 성을 함락시키는 것임을 알았다. 그러므로 그들에게는 수단 방법을 가리지 않고 그 성을 정복하는 것 외에는 선택의 여지가 없었다.

섬에 자리한 두로 성이 요새화되어 있었으므로 알렉산더의 군사들은 성 위에서 내던지는 돌들을 피해 그곳에 접근할 수 없었다. 이때 알렉산더의 한 군장이 연안에서 섬까지 제방을 쌓아 접근하는 방법을 생각해 내었다. 처음에는 제방을 순조롭게 쌓을 수 있었지만, 섬에 가까이 이를수록 물이 깊고 물살이 세어 작업에 진척이 없었다. 그러나 알렉산더의 군사들은 역경에 굴하지 않고 연안에 자리한 두로 성읍의 잔해들을 헐어 모조리 바다 속에 쏟아부었다. 이로써 두로의 잔해가 물 속에 잠기리라고 한 에스겔의 예언은 그대로 성취되었다.

제방을 완성하고 두로의 요새를 공략할 함대를 조직하는 일은 쉽지 않았지만, 알렉산더는 끝까지 포기하지 않았다. 그는 시돈, 아라두스, 비블로스에서 80척, 로도에서 10척, 루기아에서 10척, 구브로에서 120척의 배를 모아 소함대를 구성하였다. 이는 곧 많은 나라가 두로를 대적할 것이라고 한 예언의 성취이다.[4)]

알렉산더는 두로의 요새를 포위 공격한 지 3년 만에 그 성을 정복하였다. 이때 두로인들은 8,000여 명이 전사하였고, 2,000여 명이 처형당하였으며, 3,000여 명의 여자와 어린아이들이 노예로 팔리었다.

그 섬에 조그마한 마을이 하나 있긴 하지만 이후 두로 성은 재건되지 못하였다. 오늘날 어부들은 폐허가 된 두로의 옛터에 그물을 펼쳐 말리고 있는바, 에스겔의 예언이 정확히 성취되었음을 보여준다. "*너를 맨 바위가 되게 한즉 네가 그물 말리는 곳이 되고 다시는 건축되지 못하리니 나 여호와가 말하였음이니라 주 여호와의 말씀이니라*"*(겔 26:14)*. 현재 지도상에 표시되어 있는 두로는 고대의 성읍에서 조금 떨어진 곳에 위치한 현대 도시를 가리키는 것이다.

아더 쿠스탄스(Arthur Custance)는 두로의 멸망에 대해 이렇게 논평했다. "정말로 믿을 수 없는 일이 발생했다. 해안에서 32km나 뻗어 있고, 12km 경내에 사람들이 북적거리던 베니게 제일의 성읍 두로가 어느 날 졸지에 함락되어 잿

4) John Ankerberg and John Weldon, *Ready with an Answer*(Eugene, Oreg.: Harvest House, 1997), 248.

더미로 변할 줄 그 누가 알았겠는가? 그러나 이 일은 실제로 일어났다."[5)]

도무지 믿을 수 없는 일이 하나님의 말씀대로 정확히 성취된 것이다.

3) 다니엘의 예언

다니엘은 근동 지역에서 대제국이 일어날 것을 예견한 인물이다. 그가 메대-바사, 헬라, 로마 제국의 흥망성쇠를 정확히 예언한데 대해 회의론자들 가운데도 그가 하나님으로부터 계시를 받았음이 분명하다고 인정하는 자들이 있다.

다니엘은 느부갓네살이 꿈에서 본 큰 신상에 대해 풀이하였는데, 정금으로 된 신상의 머리는 바벨론을 상징하는 것이었다. 은으로 된 가슴과 팔은 메대-바사를, 놋으로 된 배와 넓적다리는 헬라 제국을 상징하는 것이었다. 그리고 철로 된 종아리와 발은 로마 제국을 상징하는 것이었다.

다니엘은 느부갓네살이 꾼 꿈을 해석해주었다.

> "[37]*왕이여 왕은 여러 왕들 중의 왕이시라 하늘의 하나님이 나라와 권세와 능력과 영광을 왕에게 주셨고* [38]*…왕은 곧 그 금 머리니이다* [39]*왕을 뒤이어 왕보다 못한 다른 나라가 일어날 것이요 셋째로 또 놋 같은 나라가 일어나서 온 세계를 다스릴 것이며* [40]*넷째 나라는 강하기가 쇠 같으리니 쇠는 모든 물건을 부서뜨리고 이기는 것이라*"(단 2:37-40).

이러한 다니엘의 해석이 의심스럽다면, 보다 구체적으로 설명하고 있는 다니엘 8장을 참조하라. 바벨론에 이어 메대-바사, 그 다음에는 헬라, 그 다음에는 로마 제국이 등장할 사실이 정확히 언급되어 있다.

5) Ibid., 248.

다니엘이 알렉산더 대왕의 등장과 그의 사후 헬라 제국이 분열될 사실에 대해서조차 예언하고 있음은 참으로 놀라운 일이다.

> "[3]*장차 한 능력 있는 왕이 일어나서 큰 권세로 다스리며 자기 마음대로 행하리라* [4]*그러나 그가 강성할 때에 그의 나라가 갈라져 천하 사방에 나누일 것이나 그의 자손에게로 돌아가지도 아니할 것이요 또 자기가 주장하던 권세대로도 되지 아니하리니 이는 그 나라가 뽑혀서 그 외의 다른 사람들에게로 돌아갈 것임이라*"(단 11:3-4).

다니엘서가 기록된 지 약 200년 후 역사의 전면에 등장한 알렉산더는 실제로 후사가 없이 죽고 말았다. 그리고 헬라 제국은 그의 수하에 있던 네 명의 장군들에 의해 분할 통치되었다.

다니엘은 계속해서 '남방 왕'(톨레미)과 '북방 왕'(셀류쿠스)의 대립(단 11:5-15), '남방 왕의 딸'(톨레미 2세의 딸인 베레니스)과 북방 왕 간의 화친에 대해서도 예언하였다. 다니엘은 먼 훗날에 발생할 헬라 제국의 분열과 대립, 온갖 음모에 대해 마치 눈으로 직접 보듯 생생하게 묘사하였다.

다니엘은 장차 이스라엘을 침략해 유대인들을 욕보일 안티오쿠스 에피파네스에 대해서도 예언하였다. "*또 그의 왕위를 이을 자는 한 비천한 사람이라 나라의 영광을 그에게 주지 아니할 것이나 그가 평안한 때를 타서 속임수로 그 나라를 얻을 것이며*"(단 11:21). 다니엘은 계속해서 안티오쿠스가 예루살렘 성전을 더럽힐 사실에 대해 예언하였다. "*군대는 그의 편에 서서 성소 곧 견고한 곳을 더럽히며 매일 드리는 제사를 폐하며 멸망하게 하는 가증한 것을 세울 것이며*"(단 11:31). 이 예언은 안티오쿠스가 예루살렘 성전 제단에 돼지를 제물로 바쳐 성소를 더럽힘으로써 그대로 성취되었다. 그러나 유대인들을 혹독하게 박해하고 완벽한 승리를 거둔 듯이 보인 그는 다니엘이 예언한 대로 결국 비참한 최후를 맞이하였다.

다니엘 11:1-35에는 135건의 예언이 기록되어 있는데, 그 모든 예언이 문자적으로 완전 성취되었다. 다니엘은 11장 마지막 부분에서 장차 도래할 적그리스도로 이해되는 미래의 지배자에 대해 예언하였다. 안티오쿠스는 이 적그리스도를 예시하는 예표론적 인물이었다. *"그 왕은 자기 마음대로 행하며 스스로 높여 모든 신보다 크다 하며 비상한 말로 신들의 신을 대적하며 형통하기를 분노하심이 그칠 때까지 하리니 이는 그 작정된 일을 반드시 이룰 것임이라" (단 11:36).*

약 200년 후에 일어날 사건들을 속속들이 알 수 있는 분은 오직 하나님뿐이시다. 그리고 하나님이 영감하신 선지자만이 마치 과거 역사를 기록하듯 정확한 예언을 기록할 수 있다.

4) 메시아 예언

하나님은 그리스도의 초림에 대해 상세히 예언하셨으므로 진리를 사모하는 자들은 그분이 메시아임을 확신할 수 있었다. 예를 들면, 동방박사들이 그리스도께 경배하러 왔을 때 예루살렘의 서기관들은 그들에게 그리스도가 베들레헴에서 태어날 것이라고 일러 주었다(마 2:6; 미 5:2 참조). 그리고 이사야 40:3과 말라기 3:1 말씀을 알고 있던 유대인들은 주의 사자가 메시아의 오심에 대해 전파하리라는 사실을 이해하였다. 이 외에도 메시아에 대해 확인할 수 있는 많은 예언들이 있다.

미 중앙정보국의 비밀 해제 문건 중에 상대방의 정체를 정확히 확인하는 법을 보여 주는 일례가 있었다. 멕시코로 피신한 구 소련의 이중 첩자가 그곳 주재 소련 대사로부터 위조 여권을 건네받도록 되어 있었다. 대사는 미리 정한 여섯 가지 표징에 의해 첩자의 신분을 확인하여야 했다. (1) 멕시코에서 첩자가 사용하도록 되어 있는 가명은 '잭슨'이었다. (2) 두 사람은 멕시코시의 '콜론 광장'에서 접선하도록 되어 있었다. (3) 이 때 첩자는 콜롬부스 동상 앞에 서 있어야 했다. (4) 그리고 왼손에 멕시코시 안내 책자를 들고 있어야 했다. (5) 대사가 그에게 접근하면 그는 "이 동상은 참 멋지군요. 저는 오클라호마에서 여행을 왔습니다"라고 이야기하도록 되어 있었다. (6) 그러면 대사가 그에게 여권을 건네주도록 되어 있었다.[6]

이처럼 미리 정해 놓은 표징 덕분에 대사는 첩자의 신분을 확인하는데 어려움이 없었다. 그런데 그리스도께서 메시아이심을 확인할 수 있는 예언들은 단지 여섯 개가 아니라 훨씬 더 많다. 그러므로 그 예언들에 비추어 그리스도의 신분을 확인하는데 전혀 어려움이 없다.

그 중 몇 가지를 살펴보면 다음과 같다.

- **탄생:** *"베들레헴 에브라다야 너는 유다 족속 중에 작을지라도 이스라엘을 다스릴 자가 네게서 내게로 나올 것이라 그의 근본은 상고에, 영원에 있느니라"(미 5:2).*

  신약의 성취: 동방박사들이 그리스도께 경배하러 왔을 때, 예루살렘의 서기관들은 이 예언에 입각해 그리스도가 베들레헴에서 태어날 것이라고 일러주었다. 이처럼 그리스도께서 탄생하기 700여 년 전에 그분의 출생지가 정확히 예언되어 있었다.

- **고소자들에 대한 태도:** *"그가 곤욕을 당하여 괴로울 때에도 그의 입을 열지 아니하였음이여 마치 도수장으로 끌려 가는 어린 양*

6) Ibid., 223-24.

과 털 깎는 자 앞에서 잠잠한 양 같이 그의 입을 열지 아니하였도다"(사 53:7).

신약의 성취: "[13]이에 빌라도가 이르되 그들이 너를 쳐서 얼마나 많은 것으로 증언하는지 듣지 못하느냐 하되 [14]한 마디도 대답하지 아니하시니 총독이 크게 놀라워하더라"(마 27:13–14).

- 부자의 묘에 장사됨: "그는 강포를 행하지 아니하였고 그의 입에 거짓이 없었으나 그의 무덤이 악인들과 함께 있었으며 그가 죽은 후에 부자와 함께 있었도다"(사 53:9).

신약의 성취: "[57]저물었을 때에 아리마대의 부자 요셉이라 하는 사람이 왔으니 그도 예수의 제자라 [58]빌라도에게 가서 예수의 시체를 달라 하니 이에 빌라도가 내주라 명령하거늘 [59]요셉이 시체를 가져다가 깨끗한 세마포로 싸서 [60]바위 속에 판 자기 새 무덤에 넣어 두고 큰 돌을 굴려 무덤 문에 놓고 가니"(마 27:57–60).

- 부활: "이는 주께서 내 영혼을 스올에 버리지 아니하시며 주의 거룩한 자를 멸망시키지 않으실 것임이니이다"(시 16:10).

신약의 성취: 베드로는 이 말씀을 인용하는 가운데, 이 말씀이 다윗이 아닌 그리스도에 대한 예언임을 설명하였다. "[29]형제들아 내가 조상 다윗에 대하여 담대히 말할 수 있노니 다윗이 죽어 장사되어 그 묘가 오늘까지 우리 중에 있도다 [30]그는 선지자라 하나님이 이미 맹세하사 그 자손 중에서 한 사람을 그 위에 앉게 하리라 하심을 알고 [31]미리 본 고로 그리스도의 부활을 말하되 그가 음부에 버림이 되지 않고 그의 육신이 썩음을 당하지

아니하시리라 하더니"(행 2:29-31).

- 하나님의 우편에 앉으심: *"여호와께서 내 주에게 말씀하시기를 내가 네 원수들로 네 발판이 되게 하기까지 너는 내 오른쪽에 앉아 있으라 하셨도다"(시 110:1).*

신약의 성취: *"이 말씀을 마치시고 그들이 보는데 올려져 가시니 구름이 그를 가리어 보이지 않게 하더라"(행 1:9).* 또한 히브리서 기자는 그리스도의 승천 사건이 그가 천사들보다 나은 분이심을 보여주는 증거라고 강조하였다(히 1:13, 1:3-4 참조).

이상의 예언들이 문자적으로 정확히 성취되었으므로 그리스도에 대한 또 다른 예언들도 반드시 성취되리라고 확신할 수 있다. 주님은 자신이 승천하는 것처럼 장차 재림하리라고 약속하셨다. *"[29]그 날 환난 후에 즉시 해가 어두워지며 달이 빛을 내지 아니하며 별들이 하늘에서 떨어지며 하늘의 권능들이 흔들리리라 [30]그 때에 인자의 징조가 하늘에서 보이겠고 그 때에 땅의 모든 족속들이 통곡하며 그들이 인자가 구름을 타고 능력과 큰 영광으로 오는 것을 보리라"(마 24:29-30).*

성경의 예언들과 노스트라다무스의 예언들 간에는 확연한 차이가 있다. 성경의 예언들은 수수께끼 같거나 모호하지 않으므로 다각도로 해석되거나 오해할 수 있는 여지가 없다. 그리고 성경의 예언들은 특별하고, 명확하며, 정확하므로 그대로 성취될 줄로 확신할 수 있다.

칼 헨리(Carl F. Henry)는 이런 말을 했다. "한 가지 필연적인 일이 있다. 그것은 바로 성경의 예언이 반드시 성취되리라는 사실이다." 그리스도께서도 자신의 삶과 사역에 대해 언급하시면서 종종 '반드시'(must)라고 말씀하셨다. "내가 예루살렘에 올라가야 하리니…이는 성경을 이루려 함이니라."

성경 기자들은 단순히 자신의 생각을 글로 적은 것이 아니라 하나님의 계시의 말씀을 기록하였다. 인간의 능력만으로는 장차 일어날 일들을 정확하게 내다보고 기록할 수 없다. 성경의 선지자들은 수수께끼 같은 예언이나 다각도로 해석될 수 있는 모호한 예언을 하지 않았다. 성경의 예언들은 성취된 이후에야 비로소 그 의미를 명확하게 이해할 수 있는 것들이 아니라 예언자는 물론 동시대 사람들도 분명히 이해할 수 있는 것들이었다.

지난 일들에 대한 성경 예언이 정확하게 성취되었음은 장래의 일들에 대한 성경 예언도 그대로 성취되리라는 사실을 시사한다. 성경에는 앞으로 일어날 일들에 대한 예언이 많이 기록되어 있다. 베드로는 그리스도의 재림이 더디므로 하나님의 약속을 불신하는 자들에 대해 경고하였다. "[3]*먼저 이것을 알지니 말세에 조롱하는 자들이 와서 자기의 정욕을 따라 행하며 조롱하여* [4]*이르되 주께서 강림하신다는 약속이 어디 있느냐 조상들이 잔 후로부터 만물이 처음 창조될 때와 같이 그냥 있다 하니"(벧후 3:3–4).*

그러나 베들레헴에서 탄생하신 그리스도께서는 장차 감람 산에 강림하시어(슥 14:1–4) 이미 말씀하신 대로 양과 염소를 구분하듯 신자와 불신자들을 구분하실 것이다. 이 일은 필연적인 것임을 명심하라.

미래의 일들에 대해 예언하고 있는 숨겨진 '성경의 암호'가 있는가?

마이클 드로신(Michael Drosin)은 그의 저서 「바이블 코드」(The Bible Code)에서 이스라엘 수상 이츠하크 라빈(Yitzhak Rabin)의 암살 위협에 대해 경고하기 위해 라빈의 절친한 친구를 만나러 이스라엘에 갔었다고 증언하고 있다. 그때 드로신이 수상에게 전달하라고 건네 준 편지 내용은 이렇다. "제가 당신에게 이 일에 대해 경고하는 이유는 '암살할 암살자'라는 단어들이 성경에 암호화되어 나타나는 '이츠하크 라빈'이라는 당신의 이름과 교차하고 있기 때문입니다. 이것은 결코 간과할 수 없는 중요한 일입니다.…저는 당신이 위험에 처해 있지만 그 위험을 모면할 수 있다고 생각합니다."[7)]

과연 숨겨진 성경의 암호가 장차 일어날 일들에 대해 정확히 예언하고 있을까? 이 암호에 대해 관심을 보이는 사람들은 성경이 하나님의 말씀임을 확신하게 될까? 이러한 질문에 답하기 앞서 성경의 암호가 무엇인지 간략히 살펴보자.

미 국방성의 통계 전문가이자 암호 해독자인 해롤드 갠즈(Harold Gans)는 복잡한 연구를 하느라고 19일 동안 컴퓨터와 씨름하였다. 그는 히브리 성경 본문에 관심 있는 유대인이었지만, 미래의 일들에 대해 예언하고 있는 암호들이 그 본문에 숨겨져 있으리라고는 꿈에도 생각하지 못했었다.

갠즈와 그의 동료들은 성경이 단순한 인간의 저작이라고 보기에는 도무지 설명하기 불가능한 암호들을 모세 오경에서 발견하고 보다 체계적으로 연구하기

7) Michael Drosin, *The Bible Code*(New York: Simon & Schuster, 1997).

위해 예루살렘으로 갔다.

성경의 암호가 발견된 경위에 대해 좀더 자세히 설명하겠다.

첫째, 수학자와 컴퓨터 전문가들은 번역본이 아닌 히브리 성경 본문에서만 이 암호들을 찾아낼 수 있었다. 유대인들은 전통적으로 하나님이 한 자 한 자 친히 기록하여 모세에게 주신 책이 율법서이므로 그 중 한 글자도 무시할 수 없으며, 그토록 중요한 성경 본문에 숨겨진 의미가 담겨 있으리라고 믿고 있다.

둘째, 학자들은 컴퓨터를 이용해 성경 본문의 철자들을 일정 간격에 따라 일일이 확인하였다. 그러자 특정인의 이름과 그와 관련된 내용이 성경 본문에 세로로 나타났다.

그들은 이러한 현상에 대해 이렇게 주장하였다. "생소한 외국어로 기록된 책이 있다면, 그 내용이 우리에게 유익한 것인지 무익한 것인지 알 수 없을 것이다. 그러나 외국어 사전이 있기 때문에 단어들을 일일이 찾아보는 가운데 부분적이나마 그 의미를 파악할 수 있다고 치자. 그리고 본문을 살피는 가운데 각 행의 철자들의 일정 간격에서 '망치'와 '모루' 같은 밀접한 연관성이 있는 단어를, 또 다른 페이지에서는 '의자'와 '책상'이라는 단어를 발견했다고 치자. 그러면 그것은 결코 우연한 것이 아니라 그 책의 저자가 의도적으로 본문에 숨겨 놓은 암호라고 단정할 수 있을 것이다."

컴퓨터 프로그램 작성자들은 컴퓨터를 이용해 히브리 성경 본문의 철자들을 조합해 보았다. 두 글자 간의 간격에서 의미심장한 것을 발견하지 못하자 글자 간격을 셋, 넷, 다섯, 여섯으로 점차 넓혀 나갔다. 이런 식으로 글자 간격을 수백, 수천 개로 넓혀 나간 끝에 그들은 수많은 성경 암호들을 발견했다. 학자들은 히브리 성경 본문에 암호화되어 나타난 특정인의 이름과 출생 및 사망 연도를 이스라엘의 위인 대백과사전에 기록된 내용과 대조해 보았는데 놀랍게도 거의 일치하였다. 그것은 우연의 일치라고 판단할 수 없는 너무나 놀라운 현상이었다.

하버드 대학에서 2명, 히브리 대학에서 2명, 예일 대학에서 1명의 수학자들이 서로 모여 성경의 암호들을 확인한 다음 공식 성명을 발표했다.

> "전문가들의 연구 결과, 중요한 사실이 발견되었다. 이 신비한 현상을 어떻게 설명해야 할지 잘 모르겠다. 다만 분명한 사실은 수학의 조합과도 같은 이 통계학적 발견들이 결코 우연한 현상이 아니라는 점이다.…그러므로 이 불가사의한 현상을 규명하기 위해서는 앞으로 더 많은 연구가 진행되어야 하리라고 본다."[8)]

히브리 성경 본문에서 암호들이 발견되었다는 사실에 대해 인정하더라도 과연 그 암호들이 미래에 대해 예언하고 있는 것들일까? 나는 '그렇지 않다'라고 자신 있게 단언할 수 있다.

라빈에 대한 예언이 세간의 주목을 끌었으므로, 이에 대해 좀더 자세히 살펴보자. 전문가들이 컴퓨터를 이용해 모세 오경을 확인하자 4,772개의 철자마다 '이츠하크 라빈'이라는 이름이 발견되었다. 다시 말해 '이츠하크 라빈'이라는 이름의 첫 글자가 발견된데 이어 두 번째 글자가 발견된 것은 4,772번째의 철자에서였다. 이런 식으로 4,772번째의 철자들을 일일이 표시한 인쇄물을 출력하자 그 출력지에 '이츠하크 라빈'이라는 이름이 세로로 나타났다. 그러나 성경 전체를 다 인쇄할 수 있을 만큼 넓은 출력지가 없었으므로 드로신은 신명기만을 출력했다. 그리고 그 출력지에서 '암살할 암살자'라는 단어들이 라빈의 이름

8) Jeffrey B. Satinover, "Divine Authorship", *The Bible Review*, October 1995, 44.

과 교차해있는 것을 발견했다.

그러나 드로신이 발견하였다고 하는 것의 실상은 이렇다. '이츠하크 라빈'이라는 이름은 8개의 히브리어 알파벳으로 이루어져 있다. 신명기에서 이 8개의 히브리어 알파벳은 다음과 같은 순서로 발견되었다. 신명기 2:33, 4:42, 7:20, 11:1, 13:11, 17:5, 21:5, 24:16. 드로신은 이 말씀들 중 하나(신 4:42)에 '암살할 암살자'라는 단어들이 숨겨져 있다고 주장한다. 신명기 4:41-42을 읽고, 과연 그러한지 스스로 판단해보라. "[41]*그 때에 모세가 요단 이쪽 해 돋는 쪽에서 세 성읍을 구별하였으니* [42]*이는 과거에 원한이 없이 부지중에 살인한 자가 그 곳으로 도피하게 하기 위함이며 그 중 한 성읍으로 도피한 자로 그 생명을 보전하게 하기 위함이라.*" 드로신은 본문의 '부지중에 오살한 자'를 '암살할 암살자'로 해석하였는데, 그것은 명백한 오역이다.[9)]

몇 년 동안 성경의 암호들을 연구한 도론 위츠툼(Doron Witztum)은 드로신의 저서 「바이블 코드」에 대해 객관적으로 발견한 사실만을 기술해 놓았으면 좋았을 것이라고 논평하였다. 다시 한 번 말하지만, 히브리 성경 본문에 성경 암호들이 숨겨져 있다 하더라도 그것들이 미래에 대해 예언하고 있는 것들이라고 오해해서는 안 된다. 그 이유는 다음과 같다. 첫째, 현재 우리가 갖고 있는 히브리 성경 본문에는 원본과 달리 변화된 글자들이 있다. 그러므로 그런 본문의 글자들을 일정 간격으로 세어 통계학적 결과를 추론해 내는 것 자체가 무의미한 작업이다. 위츠툼은 히브리 성경 본문에서 라빈의 암살에 대한 예언을 발견할 수 있다면, 처칠의 암살에 대한 예언도 발견할 수 있을 것이라고 주장한다.

둘째, 성경의 암호들을 연구한 전문가들마다 그 암호와 교차되는 성경 본문들 중에서 어떤 내용을 결합시켜야 하는지 명확한 기준을 설정하지 못하였다. 그

9) Shlomo Sternberg, "Snake Oil for Sale", *The Bible Review*, August 1997, 24-25.

들은 제각기 중요하다고 생각하는 내용을 결합시켰는데 그것이 미래의 일에 대해 예언하는 것일 리 만무하다.

특히 성경의 암호에만 집착하다 보면 정작 성경 본문의 내용을 간과하는 잘못을 범할 수 있다. 하나님은 성경 기자들로 하여금 누구든지 읽고 이해할 수 있는 계시의 말씀을 기록하게 하셨다. 그러나 성경 본문에 암호가 숨겨져 있다면, 컴퓨터 전문가들만이 그 의미를 해독할 수 있을 것이다.

하나님께서 컴퓨터 전문가들만이 발견할 수 있는 암호들을 성경 본문에 숨기셨으리라고는 상상조차 할 수 없다. 하나님은 가고 오는 세대에 걸쳐 모든 사람이 알아야 하는 사실을 성경에 다 계시하셨다. 그럼에도 불구하고 성경의 암호를 믿는 사람들은 하나님께서 특정인들만을 위한 비밀 정보를 성경에 기록해 놓은 양 착각하고 있다.

셋째, 성경에 숨겨진 암호가 있다고 믿으면서도 정작 하나님과 예수 그리스도를 믿지 않는 사람들이 있다. 「바이블 코드」의 저자인 드로신은 CNN 방송 기자와의 인터뷰에서 이런 고백을 했다. "저는 유대인이지만, 하나님은 물론 그 어떤 종교도 믿지 않습니다."[10)]

이처럼 성경 본문에 숨겨진 암호가 있다 하더라도 사람들이 그것 때문에 성경이 하나님의 말씀임을 인정하게 되는 것은 아니다. 하나님을 믿지 않는 사람들은 성경이 하나님의 말씀임을 인정하지 않으므로, 그 말씀을 연구하면서도 감화를 받지 못한다. 성경이 하나님의 말씀임을 확신하는 사람만이 그 말씀에 기꺼이 순복할 수 있음을 기억하라.

10) Jim Myers, "Do Bible Codes Predict the Future?" *The Informed Believer* 8, no. 7:2.

"그 때에 예수께서 대답하여 이르시되 천지의 주재이신 아버지여 이것을 지혜롭고 슬기 있는 자들에게는 숨기시고 어린 아이들에게는 나타내심을 감사하나이다"(마 11:25).

불명확한 것들을 탐구하기보다 명확한 예언들을 탐구하고 믿는 것이 훨씬 더 낫다. 그리스도께서는 우리에게 명확한 말씀을 들려주고 계신다. 이제 그 말씀에 귀를 기울이며, 그분의 신적 권위에 대해 살펴보도록 하자.

· 그리스도의 권위 ·

기독론적 이유

4

예수님의 초상이 타임지나 뉴스위크지의 표지 모델로 실리는 것을 볼 때마다 일말의 불안감을 떨쳐 버릴 수 없다. 분명 그 잡지들은 주님의 신성(神性)을 부인하기 위해 그분을 도마 위에 올려놓고 난도질해 놓았을 것이다. 그리고 그분이 구세주가 아니므로 경배할 필요가 없다는 결론을 내려놓았을 것이다. 학자들은 나사렛 출신의 예수를 자신의 주관적 견해에 따라 세기의 영웅, 박애주의자, 이상주의자 등으로 규정한다. 예수님의 신성을 철저히 부인한 채 단순한 인간으로 취급하는 자들은 주님을 자신의 관심거리로 삼을 뿐 경배 대상으로 생각하지는 않는다.

예수 그리스도가 실존 인물인지 의심스럽다는 글을 접할 때, 여러분의 믿음이 흔들리지는 않는가? 스티븐 미첼(Stephen Mitchell)은 그의 저서 「예수에 관한 복음」(The Gospel According to Jesus)에서 이렇게 주장하였다. "우리는 실제로 예수가 말했다고 하는 것들을 믿을 수 없다."[1] 타임지는 독일 신학자 루돌

프 불트만(Rudolf Bultmann)의 말을 인용하여 복음서는 믿을 만한 것이 못된다고 하는 칼럼을 게재했었다. "우리가 예수의 생애와 속성에 대해 실질적으로 알 수 있는 것은 거의 없다."[2]

그들은 왜 이러한 결론을 내렸을까?

예수 연구회

'예수 연구회'(Jesus Seminar)라고 하는 단체에 대해 들어본 적이 있는가? 학자들이 그리스도의 행적에 대해 연구하기 위해 캘리포니아에서 결성한 모임이 예수 연구회이다. 그들은 그리스도께서 하셨다고 하는 말씀과 사역에 대한 각자의 의견을 확인하는 특별한 방법을 고안하였다. 네 가지 색깔의 구슬 중 하나를 선택해 바구니에 담는 식으로 자신의 의견을 표명하는 방법이었다. 성경에 기록된 그리스도의 말씀과 사역이 실제로 그분이 하신 것이라고 믿는 사람은 빨간 색 구슬을, 개중에 실제로 그리스도께서 하신 것이 있다고 믿는 사람은 분홍색 구슬을 골라 바구니에 담으면 되었다. 그리고 그리스도께서 말씀하고 행하신 일들이 있을 수 있다고 생각하는 사람은 회색 구슬을, 그런 것들은 없다고 생각하는 사람은 검은색 구슬을 고르면 되었다.

그 결과, 사복음서에 기록된 예수님의 말씀이 실제로 그분이 하신 말씀이라고 믿는 학자들은 불과 18%에 지나지 않는 것으로 나타났다. 더욱 놀라운 사실은 그리스도께서 행하셨다고 하는 이적들과 그분의 부활에 대해 믿는 학자는 아무도 없었다는 점이다.

1) "The Gospel Truth?", *Time*, 8 April 1996, 54에 인용되어 있음.
2) Ibid.

예수 연구회가 결성된 주요 목적은 사람들이 예수에 대해 갖고 있는 일반적 관념을 변화시키는데 있다. 학자들은 자신들의 활동을 정기적으로 회보를 통해 일반인들에게 홍보하고 있다. 그들은 예수가 여권 신장론자, 문화 다원론자, 환경 보호론자, 인권 운동가였다고 선전하는데 열중하고 있다.

그러나 예수 연구회가 성경이 하나님의 말씀임을 확신하는 성도들의 믿음을 부식시키지는 못한다. 사실, 그들은 성도들의 믿음을 부식시킨 것이 아니라 도리어 강화시켜 주었을 뿐이다. 성도들은 예수 연구회의 그릇된 주장에 맞서 그리스도께서 성경에 기록된 대로 하나님의 아들이자 구주이심을 확실히 믿는다.

그럼에도 불구하고 학자들이 그리스도의 신성을 부인하는 이유는 이적이란 있을 수 없다고 하는 편견에 사로잡혀 있기 때문이다. 예수 연구회에서 발행한 「오복음서」(The Five Gospels) 서론에 이런 내용이 적혀 있다. "갈릴레오가 발명한 망원경을 갖고서 하늘을 쳐다보는 현대인들은 중세인들이나 믿었던 기독론을 더 이상 믿지 않는다."[3)]

「오복음서」의 요지는 그리스도가 행하셨다고 하는 이적들과 그분의 동정녀 탄생, 부활, 승천 사건 등은 과학적 사실에 비추어보아 도무지 믿을 수 없다는 것이다. 예수 연구회는 예수가 우리와 다름없는 인간에 불과했다는 선입견에 입각해 그분의 생애에 대해 연구하고 있다.

자유주의 신학자들은 오랫동안 역사적 예수(인간에 불과한 예수)와 신화상의 예수(근본 하나님이라고 하는 예수)를 철저히 구분해왔다. 그들은 인간인 예수가 온갖 이적을 행했다고 하는 사복음서의 기록은 복음서 기자들이 날조한 신화이므로 사복음서에서 그 신화들을 제거해야 한다고 주장한다.

3) Ibid., 55.

사복음서 역시 하나님의 영감으로 기록된 말씀임을 부인하는 자들은 자신의 주관에 따라 예수 그리스도를 이해한다. 그들의 눈에 비치는 예수의 모습은 히피족, 혁명가, 위대한 교사, 마법사 등으로 다양하다. 유명한 인도주의자 알버트 슈바이처(Albert Schweitzer)는 그리스도의 전기를 집필하면서 예수는 광기가 들려 자신의 신성을 주장하였다고 논평하였다.

학자들이 역사적 예수만을 강조한다고 해서 성경에 증거되어 있는 완전한 하나님이자 완전한 인간이셨던 그리스도의 모습이 흔적도 없이 사라지게 되는 것은 아니다. 아무리 예리한 칼로도 성경에 기록되어 있는 객관적 사실들을 쪼아낼 수 없다. 역사적 예수와 신화상의 예수를 철저히 구분하는 것이 헛된 작업에 지나지 않음을 깨닫는 자들 가운데 "그러므로 차라리 우리가 그리스도에 대해 알고 있는 사실이라곤 아무것도 없다고 고백하는 편이 낫다"라고 토로하는 사람들이 있다.

나는 「신들 가운데 계신 그리스도」(Christ Among Other gods)라는 책에서 번존스(Burne-Jones, 1833-1898, 영국의 화가-역주)가 그린 '폐허 속의 사랑'(Love Among Ruins)이라는 그림에 얽힌 일화를 소개하였다. 이 그림은 화구상의 부주의로 훼손되었다가 가까스로 복원되었다.[4] 그러나 실수가 아니라 고의적으로 신약 성경에 묘사되어 있는 그리스도의 초상을 훼손하려 드는 자들이 있다. 그들은 그리스도의 인성을 강조하기 위해 덧칠을 하는 대신 주님의 신성을 부인하기 위해 그분과 관계된 온갖 이적들을 칼로 긁어낸다. 하지만 하나님의 영감으로 기록된 성경은 인간이 아무리 훼손하려 들어도 훼손할 수 없다.

그러므로 우리는 양단 간에 결단해야 한다. 신약 성경에 묘사되어 있는 그리스도의 모습을 있는 그대로 받아들이거나 그분에 대해 아는 것이라곤 전혀 없다

4) Erwin W. Lutzer, *Christ Among Other gods*(Chicago: Moody, 1994), 94-95. 이 책은 그리스도의 권위에 대해 자세히 논하고 있다.

고 고백해야 하는 것이다. 사실, 사복음서의 내용은 100% 진실한 것이거나 아니면 철저하게 날조된 허구일 것이다. 그러므로 예수님이 근본 하나님의 아들이시라는 사실을 믿지 못하는 자들은 그분이 완전한 인간이셨다는 사실 또한 믿지 말아야 하는 것이 상식적이다.

어거스틴(Augustine)은 성경을 제 마음대로 난도질하는 자유주의 신학자들이 나타나기 이전 시대의 인물이다. 그러나 그 시대에도 성경의 내용 중 일부만을 믿고 나머지는 믿지 않는 사람들이 있었다. 어거스틴은 그런 사람들에 대해 경고하였다. "여러분이 복음서의 내용 중 좋아하는 사실들만을 믿고, 싫어하는 내용에 대해서는 불신한다면 진정으로 복음서를 믿는 것이 아니다."

그리스도께서 믿은 사실들

다른 고문서들의 진가를 인정하듯이, 동일한 자세로 신약 성경을 대한다면 그것이 그리스도의 생애와 사역에 대한 믿을 만한 기록임을 깨닫게 될 것이며, 그리스도께서 근본 하나님이시라는 사실을 믿을 수 있는 증거들을 발견하게 될 것이다. 뿐만 아니라 우리는 신약 성경에서 성경(구약)이 하나님의 말씀임을 뒷받침하는 증거를 발견할 수 있다. 그것은 바로 그리스도께서 이 같은 사실을 주장하셨다는 점이다.

성경이 그리스도에 대해 증거하고 있으며, 그리스도께서 구약 성경의 진정성을 증거하고 있다는 주장은 단순한 순환 논리가 아니다. 왜냐하면 그리스도의 생애와 죽음, 부활은 성경 외의 문헌들에도 언급되어 있는 분명한 역사적 사건이기 때문이다.

한 비평학자는 성경이 정확하게 기록되었는지에 대한 여부는 오직 '전지전능한 존재'만이 알 수 있으므로 우리는 성경의 무오성 여부에 대해 알 수 없다고 주장하였다. 그러나 전지전능하신 그리스도께서 성경(구약)의 무오성을 주장하셨기 때문에 우리는 그런 불가지론을 극복할 수 있다.

1) 구약의 역사

성경 비평학자들은 구약 성경의 많은 기사들을 전설이나 신화로 치부한다. 성경에 관심을 기울이기는 하지만 그 모든 내용을 액면 그대로 믿지 않는 그들은 아담과 하와, 노아, 모세, 요나 등을 실존 인물로 보지 않는다. 그리고 수많은 이적들도 옛날 이야기 책에 나오는 전설로 간주해 버린다.

그러나 그리스도께서는 구약에 기록된 사건들이 모두 실제로 일어난 역사적 사건임을 강조하셨다. 몇 가지 예를 살펴보면 다음과 같다.

- 성경 비평학자들은 아담과 하와를 허구의 인물로 간주한다. 그러나 그리스도께서는 창세기에 입각해 그들이 실존 인물임을 증거하셨다. "[4]*예수께서 대답하여 이르시되 사람을 지으신 이가 본래 그들을 남자와 여자로 지으시고 [5]말씀하시기를 그러므로 사람이 그 부모를 떠나서 아내에게 합하여 그 둘이 한 몸이 될지니라 하신 것을 읽지 못하였느냐*"(마 19:4-5).

- 많은 사람들이 노아 홍수 사건을 믿지 않지만, 그리스도께서는 그 사건의 역사성을 증거하셨다. "[37]*노아의 때와 같이 인자의 임함도 그러하리라 [38]홍수 전에 노아가 방주에 들어가던 날까지 사람들이 먹고 마시고 장가 들고 시집 가고 있으면서 [39]홍수가 나서 그들을 다 멸하기까지 깨닫지 못하였으니 인자의 임함도 이와 같으리라*"(마 24:37-39).

그리스도께서는 노아 홍수 사건에 대해 언급하시면서 다음과 같이 확언하셨다. *"천지는 없어질지언정 내 말은 없어지지 아니하리라"(마 24:35).* 여러분은 노아의 홍수 기사를 믿을 수 없다고 주장하는 비평학자들에 동의할 것인가, 아니면 그리스도의 증언을 믿을 것인가? 우리가 예수에 대해 알 수 있는 것은 실질적으로 아무것도 없다고 하는 자유주의 신학자들의 말에 미혹되지 말라.

혹시 그리스도께서는 항간에 널리 유포되어 있던 홍수 기사를 예로 들었을 뿐, 그 사건의 역사성 자체를 믿은 것은 아니지 않을까? 그럴 가능성은 전혀 없다.

존 웬함(John Wenham)은 그의 저서 「그리스도와 성경」(Christ and the Bible)에서 이 같은 추론이 불가능한 것임을 역설하였다.[5] 전지전능하신 그리스도께서 노아 홍수가 역사적 사건임을 믿으셨는데, 우리가 그 사건에 대해 주님보다 더 잘 안다고 자신할 수 있는가?

- 많은 학자들이 성경 외의 문헌에서 모세와 출애굽에 대한 기록을 찾아볼 수 없다는 이유로 모세와 출애굽 사건의 역사성을 믿지 않는다. 그러나 그리스도께서는 모세에 대해 언급하시면서 하나님이 그 당시 날마다 만나를 공급해 주셨다고 증거하신다. *"[31]기록된 바 하늘에서 그들에게 떡을 주어 먹게 하였다 함과 같이 우리 조상들은 광야에서 만나를 먹었나이다 [32]예수께서 이르시되 내가 진실로 진실로 너희에게 이르노니 모세가 너희에게 하늘로부터 떡을 준 것이 아니라 내 아버지께서 너희에게 하늘로부터 참 떡을 주시나니"(요 6:31-32).*

- 성경 비평학자들은 요나가 물고기 뱃속에 갇혀 사흘 동안 지냈다는 사실을 믿지 않는다. 그러나 그리스도께서는 그 사건의 역사성을 증거하시면서 요나가 니느웨에 하나님의 말씀을 전한 결과, 니느웨 성읍 주민들이 회개한

5) John W. Wenham, *Christ and Bible*(Grand Rapids: Baker, 1994), 14.

사실까지 아울러 말씀하셨다. "[39]*예수께서 대답하여 이르시되 악하고 음란한 세대가 표적을 구하나 선지자 요나의 표적 밖에는 보일 표적이 없느니라* [40]*요나가 밤낮 사흘 동안 큰 물고기 뱃속에 있었던 것 같이 인자도 밤낮 사흘 동안 땅 속에 있으리라* [41]*심판 때에 니느웨 사람들이 일어나 이 세대 사람을 정죄하리니 이는 그들이 요나의 전도를 듣고 회개하였음이거니와 요나보다 더 큰 이가 여기 있으며*"(마 12:39-41).

여러분은 하나님이 죄악이 관영한 소돔과 고모라를 유황불로 심판하신 사실에 대해 의심하는가? 그리고 그 와중에서 롯의 아내가 뒤돌아보다가 소금 기둥으로 변한 사실도 의심하는가? 그러나 그리스도께서는 구약에 기록된 그 모든 사건들이 역사상 실제로 일어난 일들임을 일관되게 증언하셨다. 그러므로 우리는 구약의 역사성을 확신할 수 있다.

2) 구약의 권위

그리스도께서는 논란의 여지를 불식시키기 위해 구약을 자주 인용하셨다. 오늘날과 마찬가지로 예수님 당시에도 자유주의 신학자들이 있었다. 사두개인들이 부활 교리에 대해 불신하자 주님은 이렇게 말씀하셨다. "*예수께서 이르시되 너희가 성경도 하나님의 능력도 알지 못하므로 오해함이 아니냐*"(막 12:24).

그러면서 부활에 대해 증거하셨다. "[26]*죽은 자가 살아난다는 것을 말할진대 너희가 모세의 책 중 가시나무 떨기에 관한 글에 하나님께서 모세에게 이르시되 나는 아브라함의 하나님이요 이삭의 하나님이요 야곱의 하나님이로라 하신 말씀을 읽어보지 못하였느냐* [27]*하나님은 죽은 자의 하나님이 아니요 산 자의 하나님이시라 너희가 크게 오해하였도다 하시니라*"(막 12:26-27). 그리스도께서는 계속적인 동작을 나타내는 현재 시제를 사용해 부활에 대해 증거하셨다. 만일 부활이 없다면 하나님께서도 "나는 아브라함의 하나님이었다"라고 말씀하셨을 것이다. 그러나 하나님이 현재 시제를 사용해 "나는 아브라함의 하나님이다"라고 말씀하셨음은 아브라함과 이삭, 야곱이 지금도 살아 있으며 장차 부활할 것임을 의미한다.

바리새인들이 성경을 오해한 까닭은 성경을 연구하지 않았거나 일상 생활에 너무 엄격하게 적용하려 했기 때문이 아니라, 그 의미를 숙고하지 않았기 때문이다(마 23:23). 이와 관련해 그리스도께서는 *"내가 율법이나 선지자를 폐하러 온 줄로 생각하지 말라 폐하러 온 것이 아니요 완전하게 하려 함이라"*(마 5:17)고 말씀하셨다. 이는 곧 율법의 근본 정신을 망각한 채 문자적으로만 준수하는 것은 형식주의에 불과한 것임을 경고한 말씀이다.

그리스도께서는 진정으로 구약 성경을 믿지 않는 자들에 대해 경계하셨다. *"[2]서기관들과 바리새인들이 모세의 자리에 앉았으니 [3]그러므로 무엇이든지 그들이 말하는 바는 행하고 지키되 그들이 하는 행위는 본받지 말라 그들은 말만 하고 행하지 아니하며"*(마 23:2-3). 그리스도께서는 서기관과 바리새인들이 가르친 성경 말씀 자체는 존중하면서도 그들이 그 말씀을 피상적으로 이해하고 각자의 삶에 적용하지 않은 것에 대해서는 책망하셨다. 그러면서 그들이 영적으로 무지하여 성경을 연구하되 헛되이 상고한다고 지적하셨다(요 5:39-47).

3) 구약의 교훈

여러분은 구약 성경이 하나님의 말씀일 뿐 여러분의 일상 생활과는 무관한 것이라고 생각하는가? 그리스도께서는 그렇게 생각하지 않으셨다. 한 율법사가 찾아와 *"선생님 율법 중에서 어느 계명이 크니이까"*(마 22:36)라고 질문했을 때, 주님은 구약 성경을 인용해 이렇게 대답하셨다. *"[37]예수께서 이르시되 네 마음을 다하고 목숨을 다하고 뜻을 다하여 주 너의 하나님을 사랑하라 하셨으니 [38]이것이 크고 첫째 되는 계명이요 [39]둘째도 그와 같으니 네 이웃을 네 자신 같이 사랑하라 하셨으니 [40]이 두 계명이 온 율법과 선지자의 강령이니라"*(마 22:37-40).

그리스도께서 일러 주신 것은 신약의 계명이 아니라 구약의 계명으로서 구약 율법의 핵심이다. 이는 곧 신약 시대의 성도들 역시 구약의 근본 교훈을 따라 살아야 함을 시사한다. 구약의 하나님은 진노의 하나님이시고, 신약의 하나님은 사랑의 하나님이시라는 생각은 잘못된 것이다. 우리는 어제나 오늘이나 동일하신 하나님의 말씀에 영원토록 순복해야 한다.

그럼에도 불구하고 이렇게 질문하는 비평학자가 있다. "그리스도께서 구약의 권위를 믿지 않으셨지만 서기관과 바리새인들의 오해를 바로잡아 주기 위해 구약을 인용한 것은 아닐까?" 이는 곧 그리스도께서 정작 관심을 보인 것은 구약 성경이 아닌 서기관과 바리새인들일 것이라는 추정이다.

물론 그리스도께서는 저들의 오해를 바로잡아 주기를 마다하지 않으셨다. 주님은 장로들의 유전(遺傳)에 연연하는 바리새인들을 책망하셨을 뿐만 아니라 국수주의에 입각한 그들의 메시아 사상을 바로잡아 주셨다. 이와 관련해 존 웬함은 이런 말을 했다. "만일 성경에 하나님의 진리의 말씀과 인간의 잘못된 말이 뒤섞여 있다면 예수님은 그것들을 명확하게 가려내셨을 것이다."[6] 주님은 당시 종교 지도자들의 오해를 바로잡아 주되, 정확 무오하며 각자의 삶에 적용해야 하는 바른 교훈인 구약 성경에 입각해 시정해 주셨다.

그리스도께서는 마귀에게 세 번 시험당하실 때 그때마다 "기록되었으되"라고 말씀하시면서 적절한 구약 성경을 인용하여 마귀의 시험을 물리치셨다. 여기서 "기록되었으되"는 '하나님이 말씀하시되'와 같은 말이다. 영원하신 하나님이 우리의 유익과 교훈을 위해 베푸신 말씀은 영원 불변한 것이다.[7] 그리스도께서는 십자가에 달리셨을 때, 이미 구약에 예언된 대로 이렇게 부르짖으셨다. *"나의 하나님, 나의 하나님, 어찌하여 나를 버리셨나이까"(마 27:46; 시 22:1*

6) Ibid., 21.
7) Ibid., 22.

참조). 그리고 운명하시면서 이렇게 간구하셨다. *"아버지 내 영혼을 아버지 손에 부탁하나이다"*(눅 23:46; 시 31:5 참조).

그리스도께서는 부활하신 후에도 여전히 성경에 입각해 제자들을 가르치셨다. 누가는 주님이 엠마오로 향해 가고 있는 제자들과 동행하시면서 성경을 가르치신 일에 대해 이렇게 기록하였다. *"이에 모세와 모든 선지자의 글로 시작하여 모든 성경에 쓴 바 자기에 관한 것을 자세히 설명하시니라"*(눅 24:27). 구약 성경은 하나님이 우리에게 주신 특별한 책이다. 그러므로 "기록되었으되"라고 말하는 것은 '하나님이 말씀하시되'라고 말하는 것과 같은 의미이다.

4) 구약의 예언

앞서 3장에서 예수님이 '반드시'나 그와 유사한 말을 자주 사용하셨음에 대해 살펴보았다. 주님은 특히 구약 성경을 인용하여 자신에 대해 증거하실 때 그런 말을 자주 사용하셨다. 이는 곧 주님이 구약의 예언이 반드시 성취될 줄로 믿으셨음을 의미한다.

주님은 자신의 죽음에 대해 다음과 같이 증거하셨다.

- *"[31]예수께서 열두 제자를 데리시고 이르시되 보라 우리가 예루살렘으로 올라가노니 선지자들을 통하여 기록된 모든 것이 인자에게 응하리라 [32]인자가 이방인들에게 넘겨져 희롱을 당하고 능욕을 당하고 침 뱉음을 당하겠으며 [33]그들은 채찍질하고 그를 죽일 것이나 그는 삼 일 만에 살아나리라 하시되"*(눅 18:31–33).

- *"내가 너희에게 말하노니 기록된 바 그는 불법자의 동류로 여김을 받았다 한 말이 내게 이루어져야 하리니 내게 관한 일이 이루어져 감이니라"*(눅 22:37).

- "인자는 자기에 대하여 기록된 대로 가거니와"(마 26:24; 막 14:21 참조).

- "[53]너는 내가 내 아버지께 구하여 지금 열두 군단 더 되는 천사를 보내시게 할 수 없는 줄로 아느냐 [54]내가 만일 그렇게 하면 이런 일이 있으리라 한 성경이 어떻게 이루어지겠느냐 하시더라"(마 26:53–54).

- "[25]이르시되 미련하고 선지자들이 말한 모든 것을 마음에 더디 믿는 자들이여 [26]그리스도가 이런 고난을 받고 자기의 영광에 들어가야 할 것이 아니냐 하시고"(눅 24:25–26).

- "[46]또 이르시되 이같이 그리스도가 고난을 받고 제삼일에 죽은 자 가운데서 살아날 것과 [47]또 그의 이름으로 죄 사함을 받게 하는 회개가 예루살렘에서 시작하여 모든 족속에게 전파될 것이 기록되었으니"(눅 24:46–47).

- "[39]이 성경이 곧 내게 대하여 증언하는 것이니라…[46]모세를 믿었더라면 또 나를 믿었으리니 이는 그가 내게 대하여 기록하였음이라 [47]그러나 그의 글도 믿지 아니하거든 어찌 내 말을 믿겠느냐 하시니라"(요 5:39, 46–47).

- "내가 너희 모두를 가리켜 말하는 것이 아니니라 나는 내가 택한 자들이 누구인지 앎이라 그러나 내 떡을 먹는 자가 내게 발꿈치를 들었다 한 성경을 응하게 하려는 것이니라"(요 13:18; 시 41:9 참조).

그리스도께서는 성경에 기록된 말씀이 하나님의 말씀임을 확신하셨다. 주님이 "너희가 성경을 읽지 않았느냐?"라고 하신 말은 "너희가 하나님이 하신 말씀을 알지 못하느냐?"라고 반문하신 것과 같은 의미이다. 예를 들면, 주님은 "이러므로 남자가 부모를 떠나 그의 아내와 합하여 둘이 한 몸을 이룰지로다"(창 2:24)라는 말씀을 인용하시되, "[4]사람을 지으신 이가 본래 그들을 남자와 여자로 지으시고…[6]그러므로 하나님이 짝지어 주신 것을 사람이 나누지 못할지니라"(마 19:4–6)고 풀이하셨다.

다시 한 번 존 웬함의 말을 들어보자. "예수님은 성경 말씀을 자주 인용하셨지만, 말씀 자체를 드높이지는 않으셨다. 성경은 하나님의 말씀이므로 주님은 오직 하나님만을 드높이셨다."[8)]

5) 구약의 무오성

그리스도께서 구약의 권위를 인정하신 것은 사실이지만, 과연 글자 한 자 한 자까지 영감되었다고 확신하셨을까? "[17]*내가 율법이나 선지자를 폐하러 온 줄로 생각하지 말라 폐하러 온 것이 아니요 완전하게 하려 함이라* [18]*진실로 너희에게 이르노니 천지가 없어지기 전에는 율법의 일점 일획도 결코 없어지지 아니하고 다 이루리라*"(마 5:17–18). 이처럼 그리스도께서는 구약 성경이 글자 한 자조차 틀리지 않고 정확하게 기록되었음을 믿으셨다. 글자 한 자가 잘못되면 다른 단어가 되고, 그 단어는 본래의 의미와 무관한 뜻을 나타내게 되므로 글자 한 자조차 정확하게 기록되었다는 것은 대단히 중요하다.

예수님이 자칭 하나님이라고 주장하여 신성 모독죄를 지었다며 분노하는 유대인들 앞에서 주님은 구약 성경을 인용해 자신을 변호하셨다. "*예수께서 이르시되 너희 율법에 기록된 바 내가 너희를 신이라 하였노라 하지 아니하였느냐*"(요 10:34). 주님이 이처럼 구약 율법에 호소한 이유는 유대인들이 율법의 권위를 인정하고 있음을 아셨기 때문이다. 여기서 '율법'이란 좁은 의미로는 모세오경을 가리키지만, 넓은 의미로는 구약 성경 전체를 가리킨다. 주님이 시편 82:6을 인용하셨으면서도 그 말씀을 가리켜 '율법'이라고 칭하신 것은 넓은 의미에서이다.

8) Ibid., 28.

시편 82:6의 '신들'은 진짜 신들을 가리키는 것이 아니라 이스라엘의 재판장들이 하나님의 권한을 대행하는 자들임을 의미하는 말이다. 그리스도께서는 이 사실에 입각해, 재판장들에 대해서도 '신들'이라고 칭하였는데 자신이 하나님이라고 일컬은 것이 어찌 불경죄에 해당하느냐고 반박하셨다. 그러면서 덧붙여 성경이 정확 무오한 하나님의 말씀임을 강조하셨다. *"[35]성경은 폐하지 못하나니 하나님의 말씀을 받은 사람들을 신이라 하셨거든 [36]하물며 아버지께서 거룩하게 하사 세상에 보내신 자가 나는 하나님의 아들이라 하는 것으로 너희가 어찌 신성모독이라 하느냐"(요 10:35-36).*

그리스도께서 "성경은 폐하지 못하나니"라고 하신 말씀에 주목하라. 이는 시편 82:6만을 가리켜 하신 말씀이 아니라 구약 성경 전체를 가리켜 하신 말씀이다.

앞서 '성경 영감설'에 대해 살펴보았듯이 하나님은 성경의 일점 일획까지도 정확하게 기록되도록 영감하셨다. 성경의 사상은 영감되었지만, 단어 하나 글자 한 자까지 영감된 것은 아니라고 하는 주장은 비성경적인 견해이다. 물론 성경은 하나님의 뜻을 나타내고 있지만, 그 뜻은 문자로 기록되어 우리에게 전달되었다. 그러므로 하나님은 성경 기록 과정에서 의미가 와전되지 않도록 초자연적으로 역사하셨다. 여러분이 이 사실을 믿든 믿지 않든 상관없이 그리스도께서는 아무런 의심 없이 믿으셨음을 기억하라.

여러분이 새 집을 짓기 위해 건축업자와 계약하고 계약서에 서명하였다고 가정하자. 며칠 후, 그 건축업자가 계약을 파기하려고 하면 여러분은 계약서를 내세워 법적 효력의 유효성을 주장할 것이다. 그런데도 그 사람이 계약서를 보면서 "뜻이 그렇다는 것이지 어디 말이 그런 것이냐?"라고 억지를 부린다면 얼마나 황당무계하겠는가!

성경은 과연 정확 무오한가? 그리스도께서는 한 번도 성경에 오류가 있다고 말씀하시지 않았다. 주님이 성경의 '완전 영감설'을 믿으셨는데도 불구하고 그 사실을 무시하는 것은 명백한 잘못이다. 주님은 성경이 말하는 것을 곧 하나님이 말씀하시는 것으로 간주하셨다.

결정적 증거

'인간의 원죄'에 대해 자유주의 신학자와 논쟁을 벌인 적이 있었는데, 그때 그가 내게 이런 질문을 했다. "당신은 다윗이 결점투성이인 인간임을 알면서도 왜 그가 기록하였다고 하는 성경을 믿는가?" 그때 나는 시편 51:5을 인용해 인간의 원죄에 대해 계속 설명하였다. "내가 죄악 중에 출생하였음이여 모친이 죄 중에 나를 잉태하였나이다." 그 신학자의 요지는 다윗이 결점투성이인 인간이므로 무오한 성경을 기록할 수 있었을 리가 만무하다는 것이다.

그 당시 나는 그 신학자에게 명확한 대답을 못했지만 지금은 명쾌한 답변을 할 수 있다. 그리스도께서도 성경 기자들이 잘못을 저지르기 쉬운 자들임을 아셨지만, 그들이 기록한 성경이 무오하다고 단언하셨다. 그 이유는 하나님이 우리에게 정확 무오한 말씀을 주시기 위해 성경 기자들을 영감하셨기 때문이다.

그리스도께서는 성경 기자들이 하나님 앞에서 잘못을 범하기도 했지만, 하나님이 그들의 기록을 영감하셨으므로 기록된 말씀이 진실한 것임을 아셨다. 다윗도 마찬가지이다. 그는 개인적으로 중대한 죄를 범한 자이지만, 하나님이 그를 영감하셨기 때문에 정확 무오한 하나님의 말씀을 기록할 수 있었다. 그러므로 주님은 성경에 진리와 오류가 혼재되어 있다고 주장하시거나, 알곡에서 쭉정이를 가려내듯 성경 가운데서 잘못된 것을 가려내시지 않았다.

그리스도께서 시편 51편을 포함한 구약 성경 전체를 하나님의 무오한 말씀으로 믿으셨는데도 여러분은 성경의 무오성을 부정할 것인가? 여러분이 주님보다 하나님, 과학, 역사에 관해 더 잘 안단 말인가? 성경이 말하는 것은 곧 하나님이 말씀하시는 것임을 잊지 말라.

재해 예방에 종사하는 사람들은 언제, 어느 지점에서 눈사태가 발생할지 관찰하여 미리 예보함으로써 사람들이 안전하게 피신할 수 있도록 하여야 한다. 이에 반해 신학자들의 의무는 그리스도께서 성경의 무오성을 믿으신 이유에 대해 밝히 설명함으로써 사람들을 믿음의 길로 인도하는 것이다. 성경의 무오성을 확신할 수밖에 없는 명백한 증거들이 너무나 많으므로 아무리 부인하려 해도 할 수 없다.[9] 그 중 하나가 그리스도께서 구약의 완전한 권위를 인정하셨다는 사실이다. 주님은 우리의 구주이신 동시에 교사이시므로 우리는 그분의 가르침을 믿고 따라야 한다.

예수님이 아무런 대답을 안 하시자 유대인들의 대제사장이 다시 물었다. *"네가 찬송 받을 이의 아들 그리스도냐"*(막 14:61).

그러자 예수님은 이렇게 대답하셨다. *"내가 그니라 인자가 권능자의 우편에 앉은 것과 하늘 구름을 타고 오는 것을 너희가 보리라"*(막 14:62).

그리스도가 구주임을 믿지 않는 자들은 장차 심판주 앞에서 정죄당할 것이다. 그러나 지혜로운 자들은 주님이 믿는 것을 믿고, 그분의 인도하심을 따르므로 영생에 이를 것이다. 영벌과 영생, 여러분은 이 둘 중 어느 쪽을 택하겠는가?

9) Edward J. Young, *Thy Word Is Truth*(Grand Rapids: Eerdmans, 1957), 55.

특주 예수님의 제자들이 주님에 관한 이야기를 날조하였는가?

예수님의 제자들이 주님에 관한 이야기를 날조하지 않았을까 하고 생각해 본 적이 있는가? '예수 연구회'의 학자들은 예수라는 인물이 있었는데 그의 제자들이 그를 그리스도, 즉 메시아로 신격화했다고 주장한다. 정말로 광신적인 메시아 사상에 사로잡힌 무리가 평범한 인간에 불과한 예수를 그리스도로 추켜세우면서 추종한 것일까? 과연 그럴 가능성이 단 1%라도 있는 것일까?

의도적이든, 비의도적이든 예수님의 제자들이 주님에 관한 이야기를 날조하였을 가능성은 전혀 없다. 존 워릭 몽고메리는 그의 저서 「역사와 기독교」에서 그 이유에 대해 세 가지로 논증하였다.[10)]

첫째, 신약 성경에 묘사되어 있듯이 예수님은 당시 유대인들이 고대했던 메시아와는 전혀 다른 분이셨다. 이는 곧 예수님이 '신격화'되기에는 부적합한 분이셨음을 시사한다.

옥스퍼드 대학의 고(故) 유대인 학자 에더쉐임(Edersheim)의 말이다. "그리스도께서 원하신 것은 이방인들을 유대교도로 개종시키는 것이 아니라 하나님의 동일한 자녀인 유대인과 이방인들을 구원하는 것이었다. 그리고 이방인들에게 율법의 굴레를 씌우는 것이 아니라 유대인과 이방인 모두를 율법의 규례에서 자유하게 함으로 율법의 모든 요구를 성취하는 것이었다."

에더쉐임의 계속된 주장이다. "그러나 유대인들은 자신과 이방인들 사이의 장벽이 철폐되어야 한다고 생각해 본 적이 한 번도 없다. 그리고 나사렛 출신의 예수가 십자가 죽음을 당함으로써 율법의 요구를 성취하게 되리라는 사실도

10) John Warwick Montgomery, *History and Christianity*(Minneapolis: Bethany, 1964). 이 책은 그리스도에 대한 신약의 증거가 믿을 만하다는 사실을 강력히 논하고 있다.

도무지 이해할 수 없는 일이었다.…그러므로 당시 유대인들은 예수가 메시아란 사실을 믿지 않았다."[11] 당시 유대인들은 로마 제국을 정복하고서 이스라엘의 남은 자들을 구원하며 통일 이스라엘 왕국을 재건할 정치적 메시아가 나타나기만을 고대했다.

유대인들은 *"내 나라는 이 세상에 속한 것이 아니니라"(요 18:36)*고 말씀하신 그리스도를 자신들의 메시아로 인정하지 않았다. 그러므로 그들이 주님을 십자가에 못 박는 일에 앞장선 것은 전혀 놀랄 일이 아니다. 그런데도 예수님의 제자들이 주님을 신격화하여 그분이 메시아라고 허위 주장했을 리 만무하다.

둘째, 심리학적으로 따져보더라도 예수님의 제자들이 자신과 똑같은 인간인 주님을 신격화했을 가능성은 전혀 없다. 유대인들의 기본 신조는 *"이스라엘아 들으라 우리 하나님 여호와는 오직 유일한 여호와이시니"(신 6:4)*이다. 그들은 인간이나 손으로 만든 형상을 숭배하는 행위를 하나님의 저주를 받아 마땅한 불경죄로 간주하였다. 그런데도 제자들이 *"너는 나 외에는 다른 신들을 네게 두지 말라"(출 20:3)*는 계명을 어겨가면서까지 예수님을 신격화하였을 리는 없다.

몽고메리는 이런 말을 했다. "당시 유대 사회에서는 정신병자가 아니고서는 인간을 가리켜 '하나님'이라고 칭할 사람이 없었다. 그런데 예수님의 제자들은 정신병자가 아니라 정상적인 생활을 영위하고 있던 의사, 세리, 어부들이었다. 이들이 한결같이 미친 사람처럼 예수님을 신격화했다고 하는 것은 상상조차 할 수 없는 일이다."[12]

그러므로 예수님의 제자들은 단순한 인간을 신격화한 것이 아니라 주님이 메시아이심을 깨닫고 믿었기 때문에 그분이 하나님의 아들이시라고 선포했다고

11) Montgomery, *History and Christianity*, 67–68에 인용되어 있음.
12) Ibid., 72.

단정할 수 있다.

셋째, 예수님의 제자들이 주님을 그리스도로 믿고 따르게 된 결정적 사건은 그분의 부활이었다. 당시에도 거짓 메시아들이 나타났다가 사라지곤 했으므로 제자들은 평소 주님에 대해 일말의 의심을 품고 있었다. 그러나 예수님이 십자가에 달려 돌아가신 지 사흘 만에 부활하시자 제자들은 주님이 정말로 세상의 구주이신 메시아이심을 확신하게 되었다.

예수님의 제자들 중에도 전형적인 회의론자가 있었는데, '의심 많은 도마'였다. 회의론자들은 결정적 증거가 없는 한 아무것도 믿지 않으며, 조금이라도 의심스러운 것은 좀처럼 믿으려 하지 않는다. 도마 역시 마찬가지였다. 예수님이 부활하신 후 제자들에게 나타나셨을 때, 공교롭게도 그 자리에 도마가 없었다. 그러므로 그는 부활하신 예수님이 자신들에게 나타났다고 하는 제자들의 증언을 믿지 않았다.

> *"다른 제자들이 그에게 이르되 우리가 주를 보았노라 하니 도마가 이르되 내가 그의 손의 못 자국을 보며 내 손가락을 그 못 자국에 넣으며 내 손을 그 옆구리에 넣어 보지 않고는 믿지 아니하겠노라 하니라"(요 20:25).*

여드레 후 다시금 제자들에게 나타나신 예수님은 도마에게 확실한 증거를 보여 주셨다. *"[27]도마에게 이르시되 네 손가락을 이리 내밀어 내 손을 보고 네 손을 내밀어 내 옆구리에 넣어 보라 그리하여 믿음 없는 자가 되지 말고 믿는 자가 되라 [28]도마가 대답하여 이르되 나의 주님이시요 나의 하나님이시니이다"(요 20:27-28).*

그러자 예수님은 도마에게 결론적인 교훈을 주셨다. "너는 나를 본 고로 믿느

냐 보지 못하고 믿는 자들은 복되도다"(요 20:29).

불교를 믿다가 기독교로 개종한 사람에게 친지들이 개종 이유를 물었다. 이때 그는 이런 대답을 하였다. "당신이 걸어가고 있는데 두 갈래 길이 나타났다고 합시다. 한쪽은 사망에 이르는 길이고, 다른 한쪽은 생명에 이르는 길이라면 어느 쪽을 택하겠습니까?"

성경이 증거하고 있는 예수님이 실제로 그리스도가 아니었다면 아무도 주님을 메시아로 고백하지 않았을 것이고, 고백할 수도 없었을 것이다. 대제사장과 바리새인들이 예수님을 체포하러 아랫 사람들을 보냈지만 그들은 그냥 돌아왔다. 유대 종교 지도자들이 그 이유를 묻자 아랫 사람들은 이렇게 대답했다. "*그 사람이 말하는 것처럼 말한 사람은 이 때까지 없었나이다*"(요 7:46). 아랫 사람들이 이처럼 증거한 예수님이 여러분의 구주이심을 믿을 것인가, 아니면 여전히 귀를 막고서 부인할 것인가? 어떤 선택을 하느냐에 따라 여러분의 운명이 결정된다는 사실을 명심하라.

• 창조론 •

과학적 이유 5

"*태초에 하나님이 천지를 창조하시니라"(창 1:1).* 이 말씀은 우리에게 우주 만물의 기원을 밝혀주고 있다. '태초에'는 창조의 시점을 밝혀 주는 것이며, '하나님'은 그분이 창조 주체이심을 나타낸다. 그리고 '창조하시니라'는 지구를 포함한 우주상에 존재하는 모든 것이 자연 발생적으로 생겨난 것이 아니라 하나님이 친히 만드신 것들임을 밝혀준다. 마지막으로, '천지'는 광대한 우주와 우리가 발 딛고 사는 이 세상을 가리키는 것이다.

이 말씀은 비록 짧지만, 우주의 기원에 대한 온갖 비성경적 견해들이 잘못된 것임을 논박하기에 충분하다. 헨리 모리스는 「창세기」(The Genesis)라는 그의 책에서 창세기 1:1이 다음과 같은 제 견해들의 허구성을 드러내 준다고 기술하였다. (1) 무신론: 우주 만물을 창조한 하나님이 계시기 때문이다. (2) 범신론: 우주 만물을 창조한 하나님은 초월자이시기 때문이다. (3) 다신론: 한 분 하나님이 우주 만물을 창조하셨기 때문이다. (4) 유물론: 물질은 자연 발생적으로 생겨난 것이 아니라 하나님이 만드신 것이기 때문이다. (5) 이원론: 하나님이 천지를 창조하실 때 오직 하나님만 계셨기 때문이다. (6) 인본주의: 하나님은 인간이 아니라 영원 자존하시는 분이기 때문이다. (7) 진화론: 하나님이 우주 만물을 창조하셨기 때문이다.[1)]

하나님은 '태초' 이전부터 계셨다. 이 말은 하나님이 계시지 않은 적이 한 번도 없음을 뜻한다. 성경은 하나님이 처음부터 끝까지 한 치도 빈틈없이 질서정연하게 우주 만물을 창조하셨음을 증거한다. 그토록 놀라운 일을 계획하고 행하신 하나님은 영원 자존하시는 분이다.

우리는 본장에서 성경이 증거하듯 우주 만물을 창조하신 분이 하나님이심을 믿을 수밖에 없는 여러 이유에 대해 살펴볼 것이다. 만일 하나님이 우주 만물을 창조하셨음을 믿지 못한다면, 여러분이 믿을 수 있는 것은 다음 두 가지 중 하나일 것이다. (1) 처음에는 아무것도 없었는데 어느 순간 무(無)에서 유(有)가 발생했다. (2) 우주의 기원에 대해 정확히 설명할 수는 없지만 소립자로부터 생명체가 발생했음이 분명하다.

이 중 첫 번째 견해는 가능성이 희박하다. 무에서부터 유가 발생하는 것은 불가능하다는 것이 대다수 사람들의 견해이다. 그러나 이미 있던 물질로부터 생명체가 발생했을 가능성에 대해서는 많은 사람들이 그럴 수 있다고 동의한다.

이 무신론적 견해는, 물질은 영원한 것이며 그것에서부터 모든 것이 발생했다고 하는 전제에 입각한 주장이다. 그러나 이런 주장을 하는 사람들에게 "처음에 어떻게 해서 물질이 존재하게 되었느냐?"라고 질문하면 납득할 만한 설명을 하지 못한다. 그들은 다만 물질이 영원 전부터 있었으며, 오늘날 우리가 눈

1) Henry M. Morris, *The Genesis Record*(Grand Rapids: Baker, 1976), 38.

으로 보는 것과 같은 우주 만물이 그 물질로부터 생겨났다는 주장을 되풀이할 뿐이다. 좀더 과학적이라고 하는 설명에 의하면, 물질과 에너지가 원자핵보다 더 작은 소립자로 합쳐졌으며 이후 '빅뱅'(big bang, 우주 생성의 시발이라고 하는 엄청난 규모의 폭발-역주)과 일련의 연쇄 반응에 의해 우주가 형성되었다고 한다.

에드윈 포웰 허블(Edwin Powell Hubble)은 1929년에 우주가 끊임없이 팽창한다고 하는 사실을 입증함으로써 빅뱅 이론의 과학적 근거를 제시하였다. 과학자들의 말에 의하면, 현재 각 은하들은 끊임없이 이동하므로 서로의 간격이 점점 멀어지고 있다고 한다. 이는 풍선에 여러 개의 점을 표시한 후 그 풍선을 불면 풍선이 커질수록 각 점의 간격이 점점 더 넓어지는 현상과 같다.

최고의 과학자로 찬사받은 고(故) 칼 사강(Carl Sagan)은 150억 년 전에 '빅뱅'이 일어나 오늘날과 같은 우주가 형성되었다고 주장하였다. 그의 주장은 우주 기원에 대한 정설로 인정되어 옥스퍼드 대학의 천문학 교재(The Young Oxford Book of Astronomy)에도 수록되었다. 그 책의 서두는 다음과 같이 시작된다. "약 150억 년 전에 가장 작은 소립자가 백만 분의 1초 단위로 붕괴하여 양자(수소 원자의 핵)로 변하였다. 그 후 전자와 양자의 충돌로 인해 중성자가 형성되었다."[2)]

그 다음에는 무슨 일이 일어났을까? "양자와 중성자가 반응하여 순식간에 붕괴하자 헬륨 원자의 핵이 형성되었다. 시간이 경과하면서 우주가 식어지고 팽창하는 과정에서 수소를 형성하고 있던 물질의 일부가 헬륨으로 변하였다. 별은 바로 이 헬륨과 수소 기체가 결합해 형성된 것이다."[3)]

2) Simon Mitton and Jacqueline Mitton, *The Young Oxford Book of Astronomy*(New York: Oxford Univ. Press, 1995), 146.
3) Ibid.

빅뱅 이론을 주장하는 과학자들은 우주가 무에서 창조된 것이 아니라 기존의 물질이 팽창과 붕괴를 거듭하는 과정에서 오늘날과 같은 복잡한 형태의 우주가 형성되었다고 설명한다. 그들은 전지전능하신 하나님이 사전에 계획한 대로 우주를 창조하신 것이 아니라 우연한 기회에 물리학적 작용에 의해 우주가 형성되었다고 믿는다. 영국의 저명한 물리학자인 스티븐 호킹(Stephen Hawking)은 "만일 빅뱅 현상이 너무 빨리 일어나거나 너무 느리게 일어났다면 우주는 지금의 형태로 형성되지 못하고 재붕괴되었을 것이다"[4]라고 하였다.

산타 크루스(Santa Cruz)의 캘리포니아 대학 교수인 물리학자 조엘 프리맥(Joel Primack) 역시 약 150억 년 전에 '빅뱅'이 일어나 우주가 형성되었다고 하는 이론에 동의한다. 그는 빅뱅에 의해 수많은 행성들이 형성되었는데, 그 중 생명체가 살기에 적합한 형태로 형성된 것이 지구라고 주장하였다. "인간은 우주라고 하는 광대한 도박장에서 초월자가 제시한 여러 장의 카드(수많은 행성들) 가운데서 행운의 빅카드(지구)를 뽑은 행운아라고 할 수 있다."[5]

뉴욕 시립대의 물리학 교수인 에드워드 티론(Edward P. Tyron)은 최초의 물질이 자연 발생적으로 생겨났다고 주장하였다. "나는 우주가 물리학적 법칙에 따라 무에서부터 자연 발생적으로 생겨났다고 생각한다. 내가 1973년에 처음으로 이런 견해를 피력하자 비상식적이라고 공박하는 사람들이 많았지만, 그럴 수 있다고 동의하면서 관심을 표명하는 사람들도 있었다."[6]

하나님이 우주 만물을 창조하신 사실을 부인하는 과학자들은 빅뱅 이론이야

4) Fred Heeren, *Show Me God*(Wheeling, Ill.: Searchlight, 1995), 187. 이 책은 전지전능한 초월자가 우주 만물을 창조하였음을 과학적으로 증거하고 있다. 이 책에는 우주가 자연적으로 생성되지 않았음을 확신하는 그리스도인 과학자와 일반 과학자들의 말이 많이 인용되어 있다.
5) *The Chicago Tribune*, 15 November 1997.
6) Edward P. Tyron, "What Made the World?", *New Scientist* 101(8 March 1984), 14.

말로 우주의 기원을 밝혀주는 유일한 정설이라고 주장한다. 프레드 호일(Fred Hoyle) 경 역시 그 중 한 사람으로서 "빅뱅 이론만큼 우주의 기원에 대해 명확히 밝혀주는 또 다른 과학적 이론은 없다"라고 주장하였다.[7] 배리 팍커(Barry Parker)도 유사한 말을 하였다. "우주론을 연구하는 수많은 학자들이 빅뱅 이론에 동의하듯이, 우리도 그 이론을 받아들여야만 우주의 기원에 대해 알 수 있다."[8] 그리고 무신론자임을 자처하는 조지 스무트(George Smoot)는 이런 말을 하였다. "빅뱅 이론과 성경의 창조 기사는 서로의 거리를 좁힐 수 없는 평행선을 달리고 있다."[9]

그렇다. 이 둘 사이에는 평행선이 있다. 우리 그리스도인은 과학 법칙과 모순되는 비상식적인 이론을 믿지 않는다. 최초에 물질이 저절로 생겨났으며, 그 물질이 우연한 기회에 보다 복잡한 형태로 발전했다고 하는 주장은 비과학적 가설에 지나지 않는다. 그런 가설과 달리 성경은 전지전능한 하나님이 우주 만물을 창조하셨다고 하는 보다 합리적이고 과학적인 설명을 우리에게 들려준다.

기독교 신학자들은 하나님이 우리에게 특별 계시인 '성경'과 일반 계시인 '자연'을 주셨다고 말한다. 이 특별 계시와 일반 계시는 내용상 모순된 점들은 없다. 과학은 하나님이 행하신 일들에 대해 철두철미하게 연구하는 학문이다. 우리는 본장에서 과학과 성경 간의 조화, 특별 계시와 일반 계시 간의 조화에 대해 살펴볼 것이다.

시편 기자는 이렇게 노래하였다. *"하늘이 하나님의 영광을 선포하고 궁창이 그의 손으로 하신 일을 나타내는도다"(시 19:1).* 우리는 과학적 사실에 입각해 성경이 하나님의 말씀임을 믿을 수 있다. 성경은 지구와 달, 태양, 별들이 어떻게

7) Heeren, *Show Me God*, 82.
8) Ibid.
9) Ibid., 113.

해서 형성되었는지를 상세하게 설명해주고 있다. 우주가 자연 발생적으로 형성되었다고 하는 것은 불가능할 뿐만 아니라 믿을 수 없는 사실이다. 영원 전부터 물질이 있었으며, 그 물질에서부터 우주와 생명체가 기원하였다고 하는 가설을 어떻게 믿을 수 있는가? 우리가 과학을 신뢰하면 할수록 우리는 더욱 더 성경을 확신하게 될 것이다.

우주의 근원자이신 창조주가 분명히 계신다면, 그분은 다른 신들이 아니라 성경이 증거하는 하나님이어야 하지 않을까?

하나님의 창조 사역

성경은 하나님이 우리 인간에게 최적의 주거 환경을 제공하시기 위해 최상의 솜씨를 발휘하여 지구와 천체를 창조하셨음을 가르쳐준다. 지금까지 과학적으로 규명된 사실들도 이 점을 뒷받침해준다.

1) 지구

"[1]*태초에 하나님이 천지를 창조하시니라* [2]*땅이 혼돈하고 공허하며 흑암이 깊음 위에 있고 하나님의 영은 수면 위에 운행하시니라*"(창 1:1–2). 지구는 광활한 우주상의 한 점에 불과하지만, 인간과 그 밖의 생명체들이 살아가기에 더없이 적합한 상태로 이루어져 있다. 지구는 표면에 물과 흙, 암석으로 뒤덮여 있는 큰 공과 같은 형태로서 공기가 그 주위를 둘러싸고 있다.

차를 몰 때, 우리는 주변 사물이 휙 지나가는 것을 보고서 우리가 움직이고 있다는 사실을 깨닫는다. 그러나 차에서 내려 땅에 가만히 서 있을 때에는 우리가 발로 딛고 있는 지구 자체가 굉장히 빠른 속도로 움직이고 있음을 느끼지 못한다.

지구는 자전하고 있을 뿐만 아니라 태양 주위를 타원형 모양으로 공전하고 있다. 사실, 지구는 초당 평균 29.76km, 시간당 약 108,000km의 속도로 궤도를 그리면서 태양 주위를 돌고 있다. 그러므로 지구는 매년 365일 6시간 9.54초마다 대략 9억 5천km의 거리를 돌고 있는 셈이다. 이처럼 지구의 공전 주기는 정확히 365일이 아니라 365일 6시간 9.54초이다. 그러므로 계속해서 일 년을 365일로 계산하면 실제의 공전 주기와는 차이가 나게 된다. 이런 차이를 극복하기 위해 설정한 것이 바로 윤년이다.

남극과 북극을 관통하는 지구 중심의 축은 23.44도의 각도로 기울어져 있다. 이처럼 지구가 비스듬히 기울어진 상태에서 자전과 공전을 계속하고 있으므로 해마다 사계절이 형성된다. 즉 지구가 태양열을 가장 많이 받을 때는 여름인 반면, 가장 적게 받을 때는 겨울이 된다.

지구는 시간당 약 108,000km의 속도로 태양 주위를 돌고 있을 뿐만 아니라 하루 24시간마다 한 바퀴씩 매우 빠른 속도로 자전하고 있다. 때문에 날마다 낮과 밤이 형성되며, 마치 태양이 지구 동쪽에서 떠서 서쪽으로 지는 것처럼 보인다.

과학자들은 지구와 달, 태양이 일정 간격을 유지한 채 공중에 떠있는 원인이 중력 때문이라고 설명한다. 만일 중력이 없다면, 천체들은 제멋대로 둥둥 떠다니면서 서로 충돌할 것이다. 과학자들은 지구 표면에 자장(磁場)이 형성되어 있는데, 그 까닭은 지구 내부에 전기가 흐르고 있기 때문이라고 설명한다. 지표 부근의 물체를 지구 중심 방향으로 끌어당기는 힘을 중력이라 하는데, 이 중력은 자장 때문에 생기는 것이라고 한다. 과학자들의 이 같은 설명에도 불구하고 우리가 중력과 자장에 대해 완벽하게 이해하기란 쉽지 않다. 그러나 중력이 없다면 천체들이 지금처럼 질서정연하게 운행될 수 없다고 하니 하나님의 오묘하신 섭리에 감탄하며 영광과 찬송을 돌릴 따름이다.

지구는 생명체가 살기에 적합한 조건을 갖추고 있는 행성이다. 예를 들면, 지구에는 박테리아가 생존하는데 필요한 물과 탄소, 그 밖의 화학적 성분들이 풍부하다. 박테리아는 식물의 성장에 필수적이며, 식물은 인간이 살아가는 데 필요한 온갖 것들을 제공해준다.[10)]

기독교를 믿는 과학자들은 지구 외의 행성들에서 생명체가 발견된다 하더라도 그것이 성경의 가르침과 상반되는 것은 아니라고 주장한다. 사실, 생명체가 살 수 있는 또 다른 행성을 창조하는 것은 전적으로 하나님의 뜻과 권한에 속한 일이다. 그럼에도 불구하고 '우리가 사는 이 지구만이 생명체가 존재하는 유일한 행성일까?'라는 주제넘는 의문을 제기하는 사람들이 많다.

다른 행성에도 생명체가 존재하리라고 믿으면서 그 증거를 발견하기 위해 애쓰는 과학자들이 있다. 그들은 남극 대륙에서 운석을 발견하였는데, 그것을 조사해 보니 생명체가 진화한 흔적이 나타났다고 주장한다. 그들은 단순한 생물이 오랜 시간에 걸쳐 고등 생물로 변화한다는 진화론에 입각해 다른 행성에도 물과 공기, 적당한 온도가 있으면 생명체가 살 수 있다고 주장한 것이다.

그러나 지구 외의 다른 별들에도 생명체가 존재할 가능성은 거의 희박하다. 생명체가 존속하기 위해서는 물과 공기, 적당한 온도가 있어야 하는데 그런 조건을 갖춘 별들이 거의 없다시피 하기 때문이다. 예를 들면 은하수 중에는 4%, 'G2'라고 하는 성단 중에는 0.2%의 별들만이 최소한의 조건을 갖추고 있다는

10) Guillermo Gonzalez, "Is the Earth Special?: Re-examining the Copernican Principle"(미간행 논문). 곤잘레스는 워싱턴 대학의 천문학 교수이다.
11) Ibid.

것이 천문학자들의 주장이다.[11)]

물과 공기, 적당한 온도만 있다고 해서 모든 생명체가 생육하고 번성하게 되는 것은 아니다. 이런 사실을 감안할 때, 다른 별들에도 생명체가 존재할 가능성은 전혀 없다고 보아도 무방하다.

과학자들은 지구가 지금보다 10% 정도 더 크거나 작았다면 지구상의 모든 생명체가 살아남지 못하였을 것이라고 주장한다. 그러므로 지구처럼 생명체가 생존하기에 적합한 조건을 갖춘 별들은 그 어디에도 없다고 단언할 수 있다.

2) 달

"[14]하나님이 이르시되 하늘의 궁창에 광명체들이 있어 낮과 밤을 나뉘게 하고
그것들로 징조와 계절과 날과 해를 이루게 하라 [15]또 광명체들이 하늘의 궁창
에 있어 땅을 비추라 하시니 그대로 되니라 [16]하나님이 두 큰 광명체를 만드사
큰 광명체로 낮을 주관하게 하시고 작은 광명체로 밤을 주관하게 하시며 또 별
들을 만드시고"(창 1:14-16).

지구 주위를 도는 유일한 천연 위성인 달은 29.5일을 주기로 지구 주위를 한 바퀴 공전한다. 이는 마치 지구가 1년을 주기로 태양 주위를 한 바퀴 공전하는 것과 같다. 달의 반지름은 지구의 약 1/4이므로 지구와 달의 크기는 농구공과 테니스 공의 크기에 비교할 수 있다.

달과 지구가 일정 간격을 유지한 채 우주에 떠 있는 원인은 서로의 중력과 원심력 때문이다. 즉 서로 끌어당기는 힘과 반대편으로 달아나려는 힘이 균형을 유지하고 있기 때문이다.

자그마한 공에 끈을 묶은 다음 그 끈을 잡고서 둥글게 돌려보라. 그러면 그 공은 원심력에 의해 원 밖으로 달아나려 하지만, 중력에 해당하는 끈이 그 공을 붙들고 있기 때문에 공은 균형을 유지한 채 계속 원을 그리게 된다.[12] 만일 달과 지구의 중력 및 원심력의 균형이 깨진다면, 두 천체는 일정 거리를 유지하지 못하고 달의 공전 속도에도 변화가 생길 것이다. 그러나 중력과 원심력이 계속 균형을 유지하고 있기 때문에 달은 정확하게 29.5일을 주기로 지구 주위를 한 바퀴씩 공전하고 있다.

달의 중력은 지구의 아침과 저녁에 영향을 미치고 있다. 달의 중력은 달 바로 아래에 위치한 지구와 지구의 물을 끌어당기며, 그 반대쪽의 육지도 물과 멀어지도록 끌어당긴다. 그 결과 지구의 바닷물이 주기적으로 움직이는 조석 현상이 나타나는데 하루 중 해수면이 가장 높아졌을 때를 밀물, 가장 낮아졌을 때를 썰물이라고 한다. 과학자들은 이런 조석 현상 덕분에 바닷물이 일정 온도를 유지하고 있으며, 바닷물의 온도가 조금만 변해도 자연 생태계에 큰 혼란이 일어나게 된다고 말한다.

한편 태양계에서 가장 큰 행성인 목성이 지구에 기여하고 있는 역할에 대해서도 유의할 필요가 있다. 목성의 중력은 지구의 중력에 비해 훨씬 크다. 이 목성은 얼음으로 뒤덮여 있는 천체인 혜성들이 지구에 떨어지지 못하도록 끌어당기고 있다. 과학자들은 목성이 없다면 수많은 혜성들이 지구에 떨어지는 재앙이 일어날 것이라고 주장한다.

3) 태양

지구 가까이에 위치한 태양의 부피는 지구의 약 130만 배에 달한다. 태양이 지구에 가깝긴 하지만, 달에 비하면 약 400배나 더 먼 곳에 위치해 있다.

12) *The World Book Encyclopedia*, 1972 ed., s.v. "Moon".

태양 빛은 그 폭이 약 480km에 달하는 대기권을 뚫고서 지구에 도달한다. 태양의 중심 온도는 섭씨 약 1,500만 도이고, 표면 온도는 약 5,500도이다. 따라서 태양이 지구에 좀더 가까이 위치해 있다면, 지구상의 모든 생명체는 태양열을 견디지 못하고 타 죽었을 것이다. 반면에 태양이 좀더 멀리 위치해 있다면, 지구상의 생명체는 모두 얼어 죽었을 것이다. 이처럼 지구와 태양이 적정 간격을 유지하고 있기 때문에 지구상의 온갖 생명체가 생존하고 있다.

태양도 지구와 마찬가지로 자전하고, 지구가 태양 주위를 공전하는 것처럼 우리 은하의 중심 주위를 공전한다. 그러나 태양은 가스 덩어리이기 때문에 자전 속도에 차이가 있다. 태양의 적도 부위가 자전하는 데에는 약 25일이 걸리지만, 태양의 극 부위가 자전하는 데에는 약 35일이 걸린다. 이처럼 태양의 부위에 따라 자전 주기가 다르기 때문에 지구에 미치는 태양의 자기장이 완화된다.

태양이 발산하고 있는 빛과 열의 양은 비교적 일정하다. 그러나 간혹 태양 표면에서 일어나는 가스 폭발 때문에 빛과 열의 양이 증가하는 경우가 있는데, 이때 지구의 자기권이 압박을 받게 되므로 전파 통신 장애 현상이 발생한다. 1987년에 이와 같은 현상이 북아메리카 지역에서 실제로 일어났다. 과학자들은 사람의 피부가 태양에서 나오는 자외선에 지나치게 노출되면 피부암에 걸리는 등의 치명상을 입게 된다고 말한다.[13)]

별들도 수명이 있다. 별은 주로 수소와 헬륨 기체로 이루어져 있는데, 그 양이 점점 줄어듦에 따라 결국 폭발하여 사라지고 만다. 태양이 빛을 잃고서 점점 어두워지다가 다른 별들처럼 폭발해 사라진다고 가정해보라. 그러면 지구상의 생명체 역시 일순간에 전멸하고 말 것이다.

13) Mitton and Mitton, *The Young Oxford Book of Astronomy*, 98.

옥스퍼드 대학의 천문학 교재에는 이런 내용이 실려 있다. "태양과 달, 지구는 우주 공간에서 끊임없이 운행하고 있다. 그러다가 세 천체가 일직선상에 위치하는 때가 있는데, 이때 발생하는 현상이 일식과 월식이다."[14] 태양과 달, 지구는 제멋대로 운행하는 것이 아니라 정확한 시각과 순서를 따라 운행하고 있다. 그러므로 몇 백 년 후에 일어날 개기일식 현상에 대해서도 정확히 예측할 수 있다.

태양계는 지구를 포함한 9개의 행성과 행성 주위를 도는 위성, 행성과 비슷한 천체인 소행성, 얼음으로 뒤덮인 천체인 혜성들로 이루어져 있다. 이들 천체들은 중력 때문에 태양 주위를 타원형 궤도로 돌고 있다. 로버트 야스트로(Robert Jastrow) 교수는 이 천체들 간의 중력에 미세한 변화만 일어나더라도 천체들이 서로 충돌하고, 지구상의 생명체도 전멸하고 말 것이라고 주장하였다.[15] 그러므로 우주의 모든 천체가 정확히 운행하고 있다는 사실은 배후에서 역사하고 계시는 전지전능한 초월자가 계심을 시사해 준다.

> *"오직 주는 여호와시라 하늘과 하늘들의 하늘과 일월 성신과 땅과 땅 위의 만물과 바다와 그 가운데 모든 것을 지으시고 다 보존하시오니 모든 천군이 주께 경배하나이다"(느 9:6).*

4) 별

1월의 밤하늘에서 관측되는 별들과 7월의 밤하늘에서 관측되는 별들은 서로 다르다. 매일 밤하늘에서는 비록 더디지만 눈으로 관찰할 수 있는 변화가 일어나고 있다. 우주 비행사처럼 우주를 여행하면 여러분의 머리 위와 발 아래, 오른쪽과 왼쪽 도처에 떠 있는 수많은 별들을 볼 수 있다. 밤하늘을 쳐다보면 국

14) Ibid., 32.
15) Robert Jastrow, *The Intellectuals Speak Out About God*(Lake Bluff, Ill.: Regnery Gateway, 1984), 21.

자, 백조, 곰과 같은 모양을 이룬 별들을 관찰할 수 있다. 그러므로 고대인들은 천체도를 만들면서 별자리를 표시하였다.

별들은 우리의 상상을 초월할 정도로 지구로부터 멀리 떨어져 있다. 지구와 태양 사이의 거리는 약 1억 5,000만km이다. 그러나 지구에서 가장 가깝다고 하는 별도 사실상 태양보다 250,000배나 먼 곳에 위치하고 있다. 우리가 우주선을 타고 빛의 속도로 여행한다면 8분 20초 만에 태양에 도달할 수 있지만, 가장 가까운 별에 도달하는 데는 무려 4년이나 걸린다. 빛은 초당 29만 9,792km를 움직인다고 하니 정말로 우리의 상상을 초월한다.

A4 용지의 상단에 골프 공 크기의 원을 그린 다음 태양이라고 가정하고, 그 용지 하단에 점을 하나 찍은 다음 지구라고 가정하라. 그런 다음, 지구에서 가장 가까운 별을 표시하려면 길이가 약 65km 되는 종이가 필요할 것이다.

우주가 얼마나 광활한지 상상해 보았는가? 과학자들의 말에 의하면, 우리가 우주선을 타고서 빛의 속도로 200억 년을 여행해야 우주의 가장자리에 도달할 수 있다고 한다. 그러나 우주가 과연 얼마나 넓은지는 아직 과학적으로도 계산해 낼 수 없다. 다만 분명한 사실은 우리가 지금 보고 있는 별 빛은 아주 오래 전, 별에서 출발한 빛이 지금에야 지구에 도달한 것이라는 점이다. 그러므로 보다 멀리 떨어져 있는 별들의 빛은 아직도 지구로의 여행을 계속하고 있는 셈이다.

하나님은 아브라함에게 그가 별의 수를 셀 수 있다면, 그의 자손의 수도 셀 수 있으리라고 말씀하셨다. 별의 수를 세는 것이 불가능하다는 사실에 비추어 볼 때, 하나님이 아브라함에게 약속하신 자손의 축복이 엄청난 것임을 알 수 있다.

우리는 우주에 얼마나 많은 별들이 있는지 정확히 알지 못한다. 태양계의 모든 행성이 속해 있는 '우리 은하'(our galaxy)는 수천 억 개의 별들로 이루어져 있으며, 지름은 약 10만 광년이다. 그러나 대은하에 비하면 우리 은하는 작은 은하에 해당한다고 한다. 지금까지 천체 망원경을 이용해 수백만 개의 은하를 발견한 과학자들은 우주에 수십억 개의 은하가 있으리라고 추측한다. 이 가운데 대은하는 1조 개 이상의 별들로 이루어져 있고, 소은하는 10억 개 이하의 별들로 이루어져 있다. 그러므로 우주에는 바닷가의 모래보다 더 많은 별들이 있다고 말할 수 있다. 그러나 하나님은 그 모든 별의 이름을 다 알고 계신다(시 147:4).

이제 이상의 사실들에 입각해서 여러분의 신념을 재고해야 한다. 여러분은 여전히 무에서부터 우주 만물이 생성되었다고 생각하는가, 아니면 전지전능하신 하나님이 질서정연하게 만물을 창조하셨다고 생각하는가? 프린스턴 대학의 물리학자인 프리먼 디슨(Freeman Dyson)은 이렇게 고백했다. "우주와 그 구조에 대해 연구하면 할수록 우주가 어떻게 생성되었는지를 알 수 있는 더 많은 증거들을 발견하게 된다."[16)]

객관적 사실들에 비추어 볼 때, 초월자가 우주를 창조한 것이 아니라 우주 만물이 자연 발생적으로 생겨났다고 하는 것은 도무지 믿기 어려운 사실이다.

하나님의 속성

우주 만물을 창조하신 하나님은 어떤 분이신가? 첫째, 무한한 능력을 지니신 분이다. 우주는 인간의 상상을 초월하는 신비한 구조로 이루어져 있다. 그러므

16) Heeren, *Show Me God*, 202.

로 그 모든 것을 창조하고 다스리는 하나님은 전능자이심에 분명하다.

둘째, 지성과 의지를 지닌 인격적인 분이시다. 동양의 범신론자들이 주장하는 신들은 비인격적이고, 선악에 무관심하며, 아무런 목적과 계획을 갖고 있지 않다. 그러한 신들은 영적 존재일 뿐 인격적인 창조자가 아니다.

성경은 하나님이 인간을 자신의 형상과 모양대로 창조하셨다고 증거한다. 인간이 지성과 감정, 의지를 지니고 있는 것은 하나님의 속성을 공유하고 있기 때문이다. 그러나 진화론자들은 인간의 사고(思考)를 물리적, 화학적 상호 작용에 따른 결과로 본다. 어리석게도 그들은 물질이 사고를 할 수 있다고 믿는 것이다.

셋째, 영원 자존하시는 분이다. 성경은 우주 만물이 창조되기 이전부터 하나님이 계셨음을 증거한다. 하나님은 자신을 가리켜 시작도 끝도 없는 분 곧 *"스스로 있는 자"(출 3:14)*라고 말씀하셨다. 그러므로 다윗은 하나님에 대해 이렇게 찬양했다. *"산이 생기기 전, 땅과 세계도 주께서 조성하시기 전 곧 영원부터 영원까지 주는 하나님이시니이다"(시 90:2).*

하나님은 우주 만물에 중력을 부여하신 후, 그 모든 것이 저절로 운행되도록 그냥 내버려 두지 않으셨다. 하나님은 지구를 포함한 우주 만물을 창조 이래 지금까지 친히 주관하고 계신다. *"그의 능력의 말씀으로 만물을 붙드시며"(히 1:3).* 과학자들은 우주의 천체들 간에 상호 작용하는 중력이 균형을 잃게 되면 우주가 붕괴하고 말 것이라고 주장한다. 그러나 하나님께서 초월적으로 역사하고 계시므로 우주의 모든 천체들이 질서정연하게 운행하고 있는 것이다.

넷째, 만물을 자신의 뜻대로 주관하는 분이시다. 하나님은 전능자이실 뿐만 아니라 공의로운 분이시므로 자신의 형상대로 창조한 피조물들을 공의에 입각해 심판하실 것이다.

"이제 하늘과 땅은 그 동일한 말씀으로 불사르기 위하여 보호하신 바 되어 경건하지 아니한 사람들의 심판과 멸망의 날까지 보존하여 두신 것이니라"(벧후 *3:7*). 하나님은 만물을 창조하신 분이므로 그 모든 것을 자신의 뜻대로 주관할 수 있으시다. 그러므로 우리는 하나님이 말씀하신 일이 그대로 이루어질 줄로 믿어야 한다.

과학자들의 고백

광대 무변하며 복잡하기 그지없는 우주에 대해 연구한 후, 우주는 자연 발생적으로 생겨난 것이 아니라 그것을 창조한 원인자가 있다고 주장하는 과학자들이 많다. 그들의 주장을 들어보자.

- **알버트 아인슈타인:** "우주 만물을 창조하시고 그것들에게 자연 법칙을 부여하신 초월자가 계신다.…자연은 초월자의 권능과 지성을 드러내 준다. 초월자의 창조 행위와 비교할 때, 인간의 사고와 행동은 너무나 보잘것없다."

- **천체 물리학자 프레드 호일:** 그는 하나님이 우주를 창조하셨음을 믿지는 않지만, 우주의 원인자가 있을 가능성에 대해 조심스레 인정하였다. "초월자에 의해 물리, 화학, 생물학적 작용이 일어났기 때문에 우주 만물이 형성되었을 수 있다. 나는 개인적으로 빅뱅 이론이야말로 우주의 기원을 밝혀 주는 정

설이라고 믿지만, 그럼에도 불구하고 우주의 기원은 여전히 의문에 싸여 있다."

• **천문학자 로버트 야스트로:** "우주의 원인을 우주 그 자체에서 찾고 있는 과학자들은 결국 실패할 수밖에 없다. 그들은 자신의 힘만으로 거대한 산을 들어 옮기려고 하는 바보라 할 수 있다. 우주 만물은 그 자체가 초월적 존재인 창조주가 계심을 증거해 준다."[17]

무신론자인 칼 사강은 이런 말을 하였다. "은하와 별, 행성, 지구상의 생명체들은 너무나 질서정연한 자연 법칙에 따라 운행되며 생명을 보전하고 있다."[18] 이러한 사실은 만물을 창조하고, 창조 이래 그 모든 것을 주장하고 있는 초월자가 계심을 시사해준다.

성경의 가르침은 '상대성 이론'과 조화를 이룬다. *"사랑하는 자들아 주께는 하루가 천 년 같고 천 년이 하루 같다는 이 한 가지를 잊지 말라"(벧후 3:8).* 그리고 우주에 존재하는 물질의 총량은 변하지 않는다고 하는 '열역학 제일법칙'과도 상반되지 않는다. *"하나님이 그가 하시던 일을 일곱째 날에 마치시니 그가 하시던 모든 일을 그치고 일곱째 날에 안식하시니라"(창 2:2).* 그뿐 아니라 성경의 가르침은 우주가 점차 변한다고 하는 '열역학 제이법칙'과도 일치한다. *"11 그것들은 멸망할 것이나 오직 주는 영존할 것이요 그것들은 다 옷과 같이 낡아지리니 12의복처럼 갈아입을 것이요 그것들은 옷과 같이 변할 것이나 주는 여전하여 연대가 다함이 없으리라 하였으나"(히 1:11-12).*[19]

17) Ibid.
18) Ibid., 201.
19) Ibid., 110.

오직 성경만이 우주의 정확한 기원에 대해 밝혀주고 있다. 전지전능하며 영원 자존하시는 하나님만이 우주를 창조하고, 그 모든 것을 주장할 수 있는 유일한 초월자이시다. "[16]만물이 *그에게서 창조되되 하늘과 땅에서 보이는 것들과 보이지 않는 것들과 혹은 왕권들이나 주권들이나 통치자들이나 권세들이나 만물이 다 그로 말미암고 그를 위하여 창조되었고* [17]*또한 그가 만물보다 먼저 계시고 만물이 그 안에 함께 섰느니라*"(골 1:16-17).

하나님의 최상의 사역

캘리포니아 교회의 힐(E. V. Hill) 목사는 "하나님이 최선을 다하셨을 때"라는 제목의 설교를 하였다. 신학자들은 하나님이 언제나 최선을 다하고 계신다고 말한다. 즉 하나님은 무슨 일이든 선한 목적에 따라 권능으로 행하신다. 그러나 힐 목사는 그의 설교에서 하나님이 죄인인 인간을 구원하기 위해 최선을 다하셨으며, 지금도 구속사(救贖史)를 진행시켜 나가고 계심을 강조하였다.

하나님은 죄인인 인간이 그리스도를 믿고 죄 사함받는 '재창조의 역사'를 위해 최선을 다하고 계신다. "*그런즉 누구든지 그리스도 안에 있으면 새로운 피조물이라 이전 것은 지나갔으니 보라 새것이 되었도다*"(고후 5:17). 물리적 창조와 영적 창조는 동일하신 하나님이 행하신 이적이다. 성경은 창조 사역과 구속 사역 모두 하나님의 놀라운 주권적 역사임을 증거한다.

첫째, 창조 사역과 구속 사역 모두 하나님이 무의 상태에서 유를 창조하신 사건이다. "*어두운 데에 빛이 비치라 말씀하셨던 그 하나님께서 예수 그리스도의 얼굴에 있는 하나님의 영광을 아는 빛을 우리 마음에 비추셨느니라*"(고후 4:6). 그리스도인들이 그리스도를 믿고서 새로운 성품으로 변화되는 것은 하나님의 역사이다.

둘째, 창조 사역과 구속 사역 모두 하나님의 단독 역사이다. 하나님이 천지를 창조하실 때, 인간은 존재하지 않았으므로 인간이 하나님의 창조 사역을 돕는 것은 불가능하였다. 지금은 우리가 존재하고 있지만 우리를 영적으로 거듭나게 하는 것은 하나님이 홀로 행하시는 일이다. 죽은 사람이 스스로 부활할 수 없듯이 우리가 하나님을 도와드릴 수 있는 일은 아무것도 없다. 물론 우리가 그리스도를 믿음으로 구원받게 되지만 믿음조차 하나님이 우리에게 주시는 선물이다. 그러므로 우리가 영적으로 거듭나는 것은 하나님이 우리 심령 가운데 단독으로 역사하시는 이적이라고 할 수 있다.

그리스도인들은 하나님이 우주 만물을 창조하신 것보다 더 위대한 일은 예수 그리스도께서 십자가에 달려 대신 죽임당하신 사건이라고 주장한다. 자연은 하나님의 권능에 대해 증거할 뿐 그분의 은혜와 사랑에 대해서는 증거하지 않는다. 그러나 하나님이 영원한 사망에 이를 수밖에 없는 죄인들을 구원하기 위해 독생자를 아낌없이 우리에게 내어 주셨음은 우리를 얼마나 사랑하시는지를 잘 보여준다.

지금까지 본장에서 살펴본 사실들에 입각해 결론을 내리겠다. 성경의 창조 기사는 과학과 모순되지 않는다. 그럼에도 불구하고 양자가 상충되는 것처럼 보이는 이유는 다음과 같다. ⑴ 성경을 믿는 사람들이 성경의 가르침을 피상적으로 이해하고 있기 때문이다. 일부 성경 신학자들은 지구가 B.C. 4004년에 창조되었다고 주장하지만, 성경에는 그러한 사실이 언급되어 있지 않다. 창세기 1:1은 "태초에 하나님이 천지를 창조하시니라"고 증거할 뿐이다. 그러므로 우리가 일반적으로 믿고 있는 것보다 더 오래 전에 지구가 창조되었을 수도 있다.

⑵ 일부 성경 신학자들이 진화론과 조화를 이루기 위해 불필요하며, 비과학적

인 이론들을 주창하고 있기 때문이다. 예를 들면, 창세기 1장에서 말하는 '날'은 한 시대를 가리킨다는 학설(Day–Age theory)과 하나님이 창조한 동 · 식물의 각 개체들이 오랜 시간을 두고서 보다 복잡한 종류로 진화하였다고 하는 학설을 들 수 있다. 그러나 진화론은 기독교 신앙과 정면으로 배치되는 이론이다. 양서류가 파충류로, 파충류가 조류와 포유류로 진화하였다고 하는 것은 실증할 수 없는 비과학적 가설로서 성경의 창조 기사와 상충된다.

(3) 수많은 과학자들이 우주의 기원을 우주 자체에서 찾고 있기 때문이다. 하나님이 우주 만물을 창조하셨음을 부인하는 자들이 어떠한 연구 결과를 도출해 낼는지는 자명하지 않은가? 그러나 진화론자인 왓슨(D. M. S. Watson)조차 솔직히 고백하였다. "사람들이 진화론을 보편적인 학설로 인정하고 있는 이유는 명백한 증거가 있기 때문이 아니라 창조론을 부인할 수 있는 마땅한 대안이 없기 때문이다."[20]

다윗은 하늘과 달, 별과 같은 자연물이 창조주 하나님의 오묘한 솜씨를 증거한다고 노래하였다. 그는 현대 과학이 발달하기 이전 시대의 인물이지만 우주를 창조한 창조주가 계신다는 과학적 사실을 믿었다.

> "3주의 손가락으로 만드신 주의 하늘과
> 주의 베풀어 두신 달과 별들을 내가 보오니
> 4사람이 무엇이관대 주께서 저를 생각하시며
> 인자가 무엇이기에 주께서 그를 돌보시나이까…
> 9여호와 우리 주여
> 주의 이름이 온 땅에 어찌 그리 아름다운지요"(시 8:3–4, 9).

20) D. M. S. Watson, Nature(1929); Duane Gish, *Evolution? The Fossils Say No!*(San Diego: Creation Life, 1973), 24에 인용되어 있음.

오늘날은 더 이상 진화론을 믿지 않는 과학자들과 철학자들이 많다. 한때 많은 사람들로부터 각광받았던 진화론이 이제는 시대에 뒤떨어진 낡은 이론으로 취급당하고 있는 것이다. 다윈의 진화론을 맹신하는 사람들이 점차 줄어들고 있는 것이 현실이다.

오늘날 많은 과학자들이 진화론은 과학 법칙과 모순되므로 과학에 기초한 이론이 아니라 칼 사강이 "우주의 모든 것은 영원한 것이며 앞으로도 영원할 것이다"라고 말한 것과 같은 자연주의(naturalism) 사상에 입각한 이론임을 지적하고 있다. 따라서 진화론자들이 주장하는 내용이 어떤 것이든 간에 진화론은 비과학적인 이론임을 알 수 있다.

진화론의 허구성을 깨달았기 때문에 실망하거나 사람들이 진화론을 맹신하는 것에 대해 의문을 품어본 적이 있는가? 현존하는 모든 생물은 단순한 생물로부터 진화했으며 오랜 세월의 변화를 거쳐 수백만 종의 생물로 분화, 발전했다고 믿는 진화론자들에 대해 어떻게 생각하는가? 진화론의 허구성을 입증해 주는 명백한 증거들이 있음에도 불구하고 그들은 여전히 주관적 신념에 사로잡혀 있다.

과학자들이 진화론의 허구성을 들추어내는 일에 앞장선다면, 진화론자들은 자신들의 이론의 비개연성과 불가능성을 인정할는지 모르겠다. 그러나 개중에는 진화론이 비과학적인 학설임이 밝혀졌음에도 불구하고 끝까지 주관적 신념을 포기하지 않는 사람들도 있을 것이다.

필립 존슨(Phillip Johnson)은 진화론의 허구성을 입증해 주는 명백한 증거들이 있음에도 불구하고 진화론자들이 여전히 그 이론을 신봉하는 이유에 대해 설명하였다. 그는 「시험받고 있는 다윈」(Darwin on Trial)이라는 저서에서 진화론자들이 무엇보다 유물론에 사로잡혀 있음을 지적하였다.[21] 유물론적 사고를 하는 진화론자들은 하나님이 우주 만물을 창조하셨다는 사실을 믿지 않고, 진화론을 뒷받침해 주는 증거들을 찾기에만 골몰한다. 프랑스의 과학탐구 학회(Scientific Research) 회장인 루이스 부노르(Lewis Bounoure)는 "어른들을 위한 동화와 같은 것이 진화론이다."라고 논평하였다.[22]

필립 존슨은 유물론에 사로잡힌 진화론자들이 과학적 증거를 무시하고 있음을 지적하기 위해 창조론을 부인하는 진화론자 류온틴(Lewontin)의 말을 우리에게 들려준다.

> "우리는 유물론이 다소 비논리적이며, 객관적으로 증명할 수 없는 가설에 불과할지라도 그나마 자연 현상과 우주 만물의 기원에 대해 과학적으로 설명해 주는 유일한 이론이라고 믿는다. 우리는 만물의 근원이 물질이라고 믿기 때문에 만물을 창조한 초월자의 존재를 믿지 않는 것이다. 유명한 칸트 학파의 철학자 루이스 벡(Lewis Beck)은 '하나님을 믿는 자는 무엇이든 믿게 된다'라는 사실을 지적했다. 그렇다. 눈에 보이지 않는 하나님을 믿는 자들은 하나님이 천지를 창조했다고 하는 어리석은 신화를 믿을 수밖에 없었다. 그러나 실존하는 유일한 세계는 우리의 감각을 통해 확인할 수 있는 사물들의 세계일 뿐이다."[23]

진화론자들은 진화론이 과학적 사실과 모순될지라도 과학적 사실만을 부정하고 진화론 자체를 부정하지 않는다. 그들은 진화론이 비논리적이며, 어른을 위

21) Phillip E. Johnson, *Darwin on Trial*(Downers Grove, Ill.: InterVarsity, 1993).
22) John Ankerberg and John Weldon, *Darwin's Leap of Faith*(Eugene, Oreg.: Harvest House, 1998), 11에 인용되어 있음.
23) Phillip E. Johnson, "The Unraveling of Scientific Materialism", *First Things*, no. 71(November 1997).

한 동화와 같은 것임에도 불구하고 끝까지 맹신한다. 그런 그들에게 창조론이 얼마나 과학적인 이론인지를 설명해 보았자 아무런 소용이 없다.

하지만 진화론으로써는 도저히 설명할 수 없는 사실이 있다. (1) 어떻게 해서 무(無)에서 물질이 생겨났는가? (2) 어떻게 해서 물질에서 생명체가 생겨났는가? (3) 어떻게 해서 하등 생물에서 인간과 같은 고등 생물이 생겨났는가? 하는 문제이다.

1) 어떻게 해서 무(無)에서 물질이 생겨났는가?

진화론자들은 무에서 유가 생성될 수 없다고 하는 과학적 전제를 무시한 채 물질이 영원 전부터 존재하였다고 주장한다. 그들의 이 같은 주장을 인정하더라도 먼지와 같은 단순한 물질이 오랜 세월을 두고 복잡 다단한 형태로 발전하였다고 하는 진화론을 믿을 수 있는 근거가 될 수는 없다. 그러므로 우리는 너무나 신비한 우주 만물의 기원을 그 자체에서 찾을 것이 아니라 초월적 존재인 창조주에게서 찾아야 한다.

2) 어떻게 해서 물질에서 생명체가 생겨났는가?

진화론자들은 이용 가능한 에너지는 점차 줄어들게 마련이며, 자연을 그냥 내버려 둘 경우 무질서와 혼란이 야기된다고 하는 '열역학 제이법칙'을 무시한다. 그들은 무생명체인 원자가 오랜 세월에 걸쳐 점진적으로 복잡하며 에너지가 충만한 형태로 진화한다고 주장한다. 그러나 그들의 주장은 우리가 알고 있는 인과론적 법칙과 모순되며, 그들이 주장하는 것과 같은 현상이 자연계에서 일어난 경우가 한 번도 없다.

과학자인 윌더스미스(A. E. Wilder-Smith)는 우리의 이해를 돕기 위해 다음과 같은 예를 들었다. 경비행기를 타고서 1,800m 상공에 올라가 10만 장의 백지를 지상으로 뿌려보라. 땅에 떨어진 종이들이 당신의 이름을 구성하게 될 가능성이 몇 %나 되겠는가? 아마도 그 가능성은 전무할 것이다. 이와 마찬가지로 가능성이 전무한 사실을 주장하는 자들이 바로 진화론자들이다.

여러 가지 금속을 통에 넣은 후 100만 년 동안 흔들어 섞는다고 해서 통에 담긴 금속들이 손목시계로 변하겠는가? 100만 년 가지고는 부족하니 수십억 년을 그렇게 하면 손목시계로 변할 가능성이 있겠는가?

단순한 세포 하나도 그 구조가 손목시계보다 훨씬 복잡함을 기억하라. 유전자 암호가 밝혀졌기 때문에 인간의 신체 구조가 얼마나 신비한 것인지를 보다 명확히 이해할 수 있게 되었다. 사람의 몸은 약 30조의 세포로 이루어져 있는데 각 세포에는 46개의 염색체가 들어 있다. 각 세포 내에서 이루어지고 있는 활동량은 시카고나 도쿄 같은 대도시 주민들 전체의 활동량과 맞먹는다고 한다. 각 세포는 다양한 신체 부위의 하나를 좌우하는 유전 정보를 지니고 있다. 월터 브라운(Walter T. Brown)의 설명이다. "인간의 몸을 구성하는 각 세포에 담겨 있는 유전 정보량은 약 4,000권의 책에 수록되어 있는 정보량과 대등하다."[24] 사람의 몸에 들어 있는 세포의 수가 약 30조라고 하니 전체의 유전 정보량은 계산이 불가능한 천문학적 분량임을 알 수 있다.

생화학자인 마이클 베헤(Michael Behe)는 그의 저서 「다윈의 블랙박스」(Darwin's Black Box)에서 다윈주의 학자들이 주장한 진화론이 비현실적인 것임을 논박하였다. 다윈은 소수의 생물종이 자연 환경에 적응해 수많은 생물종으로 진화하였다고 주장하였다. 그러나 베헤는 쥐덫을 예로 들어 다윈의 주장이 비현실적인 것임을 논박하였다. 쥐덫을 사용해 쥐를 잡기 위해서는 완전한 형태의 쥐덫이 필요하다. 만일 스프링이나 공 장치가 없는 쥐덫을 사용한다면 제대로 쥐를 잡지 못할 것이다. 쥐덫이 제대로 기능하기 위해서는 처음부터 모

24) Walter T. Brown, *In the Beginning*(Naperville, Ill.: ICR, Midwest Center, 1981), 3.

든 구성 요소가 갖추어져 있어야만 한다. 이와 마찬가지로 인간의 생명과 신체 기능을 좌우하는 세포는 처음부터 완전한 형태로 이루어져 있었지 오랜 진화의 과정을 통해 지금의 형태로 발전한 것이 아니다. 그러므로 생명체는 진화의 소산이 아니라 하나님이 창조하신 개체라는 것이 베헤의 주장이다.

폭탄먼지 벌레(bombardier beetle)는 위험에 처할 경우 섭씨 100도에 달하는 냄새 고약한 가스를 상대에게 분사하여 자신을 보호한다. 이 벌레는 가스를 순식간에 여러 번 연속으로 분사하기도 한다. 조사 결과, 이 가스의 구성 성분은 과산화수소와 하이드로키논(hydroquinone)임이 밝혀졌다. 실험실에서 이 두 화학 성분을 구해 섞어보라. 그러면 폭발 현상을 경험하게 될 것이다. 폭탄먼지 벌레의 몸 속에 이 두 화학 성분이 들어 있는데도 불구하고 제멋대로 폭발하지 않는 까닭은, 그 몸 속에 억제제가 함께 들어 있어 평상시에는 중화 작용을 일으키기 때문이다.

그러나 폭탄먼지 벌레의 몸 속에는 억제제 외에 촉진제도 들어 있다. 그러므로 위험을 감지하는 순간 촉진제가 즉각적으로 작용하여 가스가 폭발, 분사되도록 되어 있는 것이다.

이처럼 폭탄먼지 벌레는 몸 속에 과산화수소와 하이드로키논, 억제제, 촉진제를 모두 갖고 있으면서 필요에 따라 적절한 화학 작용이 일어나도록 제어한다. 만일 이러한 화학 작용이 제때 일어나지 않고 너무 느리게 혹은 너무 빨리 일어난다면 폭탄먼지 벌레는 심각한 생존 위협에 처할 것이다.

베헤는 결론적으로 이런 주장을 하였다. "폭탄먼지 벌레의 가스 분사 기관과 척추 동물의 눈은 서로 다른 구조로 이루어져 있다. 그런데도 원래 동일한 단순 물질에서 서로 다른 구조와 특징을 지닌 복잡한 형태의 개체가 분화되었다고 하는 진화론자들의 주장은 비과학적이다."[25)]

진화론자들은 믿기 어렵겠지만 진화가 실제로 일어났었다고 주장한다. 그러나 그들과 달리 진화론의 비개연성과 불가능성을 지적하는 과학자들이 점차 늘고 있다. 무신론자들은 '우연한 기회'에 우주 만물이 자연 발생적으로 생겨났다고 주장한다. 루이스(C. S. Lewis)는 무신론자들이 말하는 '우연한 기회'야말로 그들이 맹신하는 '신'이라 할 수 있다고 평하였다. 그렇다. 무신론자들은 그들만의 관념 속에 존재하는 '맹목적인 신'을 믿고 있음에 분명하다.

3) 어떻게 해서 하등 생물에서 인간과 같은 고등 생물이 생겨났는가?

진화론자들은 유인원이 오랜 세월에 걸쳐 현재의 인류로 진화하였다고 주장한다. 만일 그들의 주장이 사실이라면, 이 같은 변화 과정을 보여주는 수많은 화석들이 당연히 발견되어야 한다. 그러나 아직까지 그런 사실을 규명해 주는 화석은 한 점도 발견되지 않았다.

진화론자들은 물질에서 생성될 수 없는 인간 영혼의 실재를 믿지 않는다. 그들은 소위 '마음'이라고 하는 것은 뇌에서 일어나는 화학 작용의 결과라고 주장한다. 그리고 인간의 사고는 칼슘, 인산염, 그 밖의 화학 성분이 일으키는 복합 작용의 결과라고 주장한다. 그러므로 진화론자들은 물질이 생각을 할 수 있다고 주장하는 셈이다.

그러나 물질이 생각을 할 수 있다면 인간은 제멋대로 떠오르는 생각을 제어할 수 없고, 그런 생각에 대한 책임을 질 필요도 없다. 즉 인간이 자신의 행위에 대해 책임질 수 없는 한, 도덕은 있으나 마나 하게 된다.

하나님이 인간을 영적 피조물로 창조하셨다는 사실을 믿을 때, 인간의 도덕적 책임에 대해 논할 수 있다. 진화론자들이 소리높여 무신론을 주장하고 있지만,

25) Michael Behe, *Darwin's Black Box: The Biochemical Challenge to Evolution*(New York: Free Press, 1997), 41.

그들 역시 하나님의 형상대로 지음받은 여느 인간과 다름없는 삶을 살고 있다. 그러므로 그들도 결국 하나님 앞에서 자신의 행위에 대해 책임을 져야 할 것이다. *"창세로부터 그의 보이지 아니하는 것들 곧 그의 영원하신 능력과 신성이 그가 만드신 만물에 분명히 보여 알려졌나니 그러므로 그들이 핑계하지 못할지니라"(롬 1:20).*

성경의 창조 기사는 너무나 과학적이다. 하나님이 지으신 모든 것이 주님의 오묘한 솜씨를 증거하고 있음을 기억하라.

• 정경론 •

섭리적 이유

6

누가, 언제 신 · 구약 66권을 정경으로 확정하였을까? 사람들은 교회 공의회가 이러한 결정을 내렸거나 누가 특별히 의도하지 않았는데도 66권의 성경이 정경으로 집대성되었으리라고 추측한다. 그러나 그러한 추측은 옳지 못하다.

본장에서는 정경이 어떻게 확정되었는지에 대해 살펴보려 한다. '정경'(canon)의 원어적 의미는 '법' 또는 '잣대'이지만, 성경과 관련해서는 '하나님이 영감하신 것으로 공인된 책들의 집합'을 가리킨다. 기독교회사를 살펴보면, 하나님의 섭리에 의해 정경이 확정되었음을 알 수 있다. 이 정경들은 이미 초대교회 때부터 '기록된 하나님의 말씀'으로 인정받았다.

본장에서 중점적으로 살펴보려고 하는 문제는 다음과 같다.

• 교회는 어떻게 해서 신 · 구약 66권을 정경으로 받아들이게 되었을까?

• 개신 교회와 달리 카톨릭 교회가 외경을 제2의 정경으로 공인하고 있는 이유는 무엇일까?

• 개신 교회가 성경이야말로 믿음과 행위의 유일한 기준이라고 믿는 이유는 무엇일까?

개신 교회와 카톨릭 교회의 성경관에는 차이가 있다. 카톨릭 교회는 외경을 제2의 정경으로 공인하고 있을 뿐만 아니라 교회가 성경의 권위 위에 있다고 주장한다.

본래 개신교도였던 스티븐 레이(Stephen Ray)와 자네트 레이(Janet Ray)가 로마 카톨릭 교도로 개종한 이유는 그들의 성경관 때문이었다. 교회의 권위가 성경의 권위에 우선한다고 가르치는 로마 카톨릭 교회는 성경이 무오한 것처럼 교회도 무오하다고 주장한다. 그러므로 카톨릭 교도들은 교회가 무오하지 않다면 성경 또한 무오하지 않으리라고 믿는다.

성경에는 어떤 책들이 정경에 포함되어야 하는지 언급되어 있지 않다. 그러므로 교회와 교황, 교회 공의회가 정경의 범위를 결정해야 한다는 것이 카톨릭 교회의 입장이다. 그들은 성경 위에 군림하는 교회의 권위와 교회의 무오성을 주장하고 있는 셈이다.

그러나 로마 카톨릭 교회의 주장과는 달리 교회가 무오하다면 그들은 정경이 아닌 책들을 정경으로 잘못 선정했을 수 있다. 그런데도 카톨릭 교회는 자신들이 정경을 확정하였다고 자랑한다. 스티븐 레이는 "현재 개신 교회가 읽고 있는 신약 성경은 카톨릭 교회가 정경으로 확정한 것들이다"[1]라고 말한다. 나의

1) Stephen K. Ray, *Crossing the Tiber*(San Francisco: Ignatius, 1997), 54.

친구가 카톨릭 교회에 다니는 동료에게 그리스도를 믿는 믿음으로만 구원받을 수 있음을 설명하였을 때, 그 사람 역시 "개신교도들은 자신이 읽고 믿는 신약 성경을 정경으로 확정한 주체가 바로 우리 카톨릭 교회임을 잊어서는 안된다"라고 하였다고 한다.

카톨릭 교도들이 주장하는 요지는 만일 카톨릭 교회가 정경을 확정하지 않았다면 개인이나 종파를 막론하고 자기 마음대로 정경을 결정하였으리라는 것이다. 다시 한 번 레이의 말을 들어보자. "사리 분별력이 있는 사람이라면 교회가 정경을 확정한 이상, 그 책들을 정경으로 인정해야 함을 이해할 것이다."[2] 이는 곧 아무런 오류가 없이 정경을 확정한 로마 카톨릭 교회는 무오하다는 주장이나 다름없다.

개신교도들은 이따금 카톨릭 교도들에게 이런 질문을 한다. "당신들은 신약 성경에서 근거를 찾아볼 수 없는데도 왜 마리아에게 기도합니까?" 그러면 그들은 이렇게 대답한다. "성경에는 언급되어 있지 않지만 우리 교회가 그렇게 하도록 가르치기 때문입니다. 교회의 가르침은 성경의 가르침 이상으로 구속력이 있습니다." 카톨릭 교도들이 마리아뿐만 아니라 성인(聖人)들에게도 기도하며, 연옥설과 면죄부의 효력을 믿고 있는 까닭 역시 그들 교회의 가르침 때문이다. 성경에 나와 있지 않거나 불명확한 진리를 보충하기 위해 교회가 새로운 교의를 제정할 수 있다는 것이 로마 카톨릭 교회의 공식 입장이다.

2) Ibid., 55.

신 · 구약 성경 66권은 일관되게 하나님의 구속사에 대해 증거하고 있다. 오랜 기간에 걸쳐 이 66권의 책이 수집되고, 하나님의 말씀으로 인정받게 된 것은 하나님의 놀라운 섭리이다.

신 · 구약 성경이 수집되고 정경으로 확정되기까지의 역사에 대해 좀더 상세히 살펴보자. 그러면 그동안 의문을 품고 있던 문제들에 대한 궁금증을 해소할 수 있을 것이다.

1) 구약 정경

구약 시대의 이스라엘 백성은 하나님이 성경 기자들로 하여금 기록하도록 한 성경이 여호와의 말씀인 줄로 깨닫고서 거룩하게 보전하였다. 예를 들면, 모세는 "여호와의 모든 말씀"(출 24:4)을 기록하고서 그것을 언약궤에 보관하였다(신 31:26). 이와 마찬가지로 여호수아가 기록한 말씀(수 24:26)과 사무엘이 기록한 말씀도 거룩히 구별하여 보관되었다(삼상 10:25). 예레미야서(단 9:2)와 다니엘서 역시 마찬가지이다.

이스라엘 자손들은 계속해서 기록된 구약 성경을 여전히 하나님의 말씀으로 간주하였다. 예를 들면, 모세 율법과 선지서 사본을 갖고 있던 에스라는 백성들 앞에서 그 말씀을 낭독하면서 그것이 하나님의 말씀임을 강조하였다(느 9:14, 26-30).

물론 이스라엘 백성은 자신들이 갖고 있던 모든 문헌을 영감된 하나님의 말씀으로 간주하지는 않았다. 야살의 책(수 10:13), 여호와의 전쟁기(민 21:14), 솔로몬의 행장(왕상 11:41) 등은 성경에 언급되어 있긴 하지만 하나님의 말씀으로 간주된 적은 없다. 그리고 그 책들은 이미 오래 전에 소실되어 내용조차 알 수 없다.

구약은 전통적으로 율법과 예언서, 성문서(성문서의 대표적인 책이 시편이므로 '성문서'대신 '시편'으로 언급되기도 함)로 분류되는데 이러한 분류 순서는 정경 형성의 순서와 일치한다. 예수님도 이러한 분류법에 따라 구약을 총칭하셨다. *"모세의 율법과 선지자의 글과 시편에 나를 가리켜 기록된 모든 것이 이루어져야 하리라"(눅 24:44).*

그러나 구약 성경 중에도 정경성에 대해 오랫동안 논란되어 온 책들이 있는데 모두 다섯 권이며, 그 이유는 다음과 같다. 첫째, 아가서는 내용이 너무 감각적이다. 둘째, 전도서는 내용이 너무 염세적이다. 셋째, 에스더서에는 하나님의 이름이 한 번도 언급되어 있지 않다. 넷째, 잠언에는 서로 상반된 내용의 교훈들이 수록되어 있다. 다섯째, 에스겔서에 나오는 환상 중에는 영지주의(Gnosticism) 성향을 띤 것들이 있다.

이러한 논란에도 불구하고 대부분의 유대 학자들은 이 책들의 정경성을 인정하였다. 그 이유는 다섯 권 모두 구약의 다른 책들과 상충되는 내용이 없으며, 기본적으로 인간 구원을 위한 하나님의 뜻을 전달하고 있기 때문이다.

구약 히브리어 성경과 영어 성경을 대조해 보면 두 가지 차이점을 발견할 수 있다. 첫째, 구약 히브리어 성경은 총 39권이 아닌 24권으로 구분되어 있다. 그 이유는 사무엘상하, 열왕기상하, 역대기상하, 에스라와 느헤미야서, 12권의 소선지서를 각기 한 권으로 묶어 분류하고 있기 때문이다. 둘째, 구약 히브리어 성경의 배열 순서가 영어 성경의 순서와는 다르다. 예를 들면, 구약 히브리어 성경의 제일 마지막 책은 말라기가 아니라 역대기이다.

마태의 기록에 의하면, 그리스도께서 사용하셨던 성경은 현존하는 구약 히브리어 성경과 같은 것이었음을 알 수 있다. 구약 성경에 나오는 첫 번째 순교자는 가인에 의해 죽임당한 아벨이고(창 4:1-8), 마지막 순교자는 성전에서 돌에 맞아 죽은 여호야다의 아들 스가랴이다(대하 24:20-21).

예수님은 이 사실에 대해 다음과 같이 언급하셨다.

> *"34그러므로 내가 너희에게 선지자들과 지혜 있는 자들과 서기관들을 보내매 너희가 그 중에서 더러는 죽이거나 십자가에 못 박고 그 중에서 더러는 너희 회당에서 채찍질하고 이 동네에서 저 동네로 따라다니며 박해하리라 35그러므로 의인 아벨의 피로부터 성전과 제단 사이에서 너희가 죽인 바라갸의 아들 사가랴의 피까지 땅 위에서 흘린 의로운 피가 다 너희에게 돌아가리라"(마 23:34-35).*

그리스도께서 아벨과 스가랴에 대해 언급하신 것은 창세기에서부터 역대기에 이르는 구약 전체의 역사를 개괄하신 것이다. 그러므로 주님이 사용하셨던 성경은 현존하는 구약 히브리어 성경과 같은 것이었음을 알 수 있다.

흥미로운 사실은 사사기, 역대기, 에스더, 아가서를 제외한 구약의 모든 성경이 신약에 인용되어 있다는 사실이다. 그리스도께서도 구약을 자주 인용하셨음을 볼 때, 구약 성경은 일찍부터 정경으로 인정되었음이 분명하다. 예수님이 *"내가 율법이나 선지자를 폐하러 온 줄로 생각하지 말라 폐하러 온 것이 아니요 완전하게 하려 함이라"*(마 5:17)고 말씀하셨을 때, 주님은 당시의 구약 히브리어 성경을 염두에 두고 그런 말씀을 하셨을 것이다.

유대인들은 B.C. 400년경 말라기서를 끝으로 구약 성경의 기록이 종료되었다는 사실에 동의한다. 말라기 선지자 이후 천사가 나타나 그리스도 탄생 소식을 전하기까지의 신 · 구약 중간기를 가리켜 소위 '400년간의 침묵기'라고 한다.

이 기간 동안에는 하나님의 말씀을 전하는 선지자가 나타나지 않았으며, 하나님이 자기 백성에게 직접적으로 주시는 말씀도 없었다.

이러한 사실에 입각해 두 가지 결론을 내릴 수 있다. 첫째, 현재 기독교회가 정경으로 인정하고 있는 구약 성경은 유대인들이 정경으로 인정하는 책들과 동일한 것이다. 둘째, 이 구약 성경은 그리스도께서도 변개할 수 없는 하나님의 말씀으로 인정하신 것이다.

이처럼 구약 성경이 정경으로 확정되는 과정에서 하나님은 어떻게 역사하셨을까? 교회 공의회가 모여 정경의 범위를 확정한 것이 아니라 유대인들이 손수 구약 성경을 수집, 분류하였음을 잊어서는 안 된다. 하나님은 그들이 영감된 성경만을 정경으로 채택할 수 있도록 섭리하셨다.

물론 A.D. 95년에 얌니아 종교회의가 소집되었긴 하지만, 그때 참석자들이 한 일이라곤 이미 5세기 전에 유대인들이 확정한 구약 정경에 대해 재확인하고 인준한 것일 뿐이다. 얌니아 종교 회의가 구약 정경에 더하거나 뺀 책은 한 권도 없다. 이처럼 구약 성경은 하나님의 섭리에 의해 정경으로 확정되었으며, 초대교회 이전부터 하나님의 무오한 말씀으로 인정받았다.

2) 신약 정경

구약 성경이 하나님의 말씀인 것처럼 신약 성경 역시 동일한 하나님의 말씀이다. 바울은 고린도 교인들에게 편지하면서 *"내가 너희에게 편지하는 이 글이 주의 명령인 줄 알라"*(고전 14:37)고 말하였다. 예수님은 제자들에게 진리의 말씀을 위탁하셨다. *"[25]내가 아직 너희와 함께 있어서 이 말을 너희에게 하였거니와 [26]보혜사 곧 아버지께서 내 이름으로 보내실 성령 그가 너희에게 모든 것을 가르치고 내가 너희에게 말한 모든 것을 생각나게 하리라"*(요 14:25-26). 초대교회 당시에는 오늘날과 같은 예배당이 없었으므로 성도들은 가정이나 유대인 회당, 성전 등에 모여 예배를 드렸다. 그러다가 교회가 박해에 직면하게 되자 성도들은 도처에 흩어졌으며, 이로 인해 기독교 신앙도 널리 확산되었다.

신약 성경은 모두 A.D. 50–100년 사이에 기록되었지만 기록 장소와 기록 대상, 특징 등이 제각기 다르다. 예를 들면, 바울 서신은 에베소, 빌립보, 골로새 등에서 기록되었으며, 그 성격에 따라 개인 서신, 목회 서신, 교리 서신, 옥중 서신으로 구분된다. 그리고 베드로전서는 일차적으로 소아시아 교인들을, 요한계시록은 로마 제국 하에서 박해받던 성도들을, 로마서는 로마교회 성도들을 위해 기록한 책이다.

이처럼 신약 성경이 다양한 장소에서 기록되었으며, 기록 대상도 제각기 달랐으므로 모든 교회가 신약 성경을 공유하기까지는 비교적 오랜 시일이 걸렸다. 그러나 하나님의 섭리가 있었기에, 마침내 27권의 신약 성경이 정경으로 확정되었다.

신약 성경을 기록한 자들은 예수님의 제자인 사도들이며, 그것을 수집한 자들은 초대교회 성도들이다. 사도들은 자신이 목격한 사실과 다른 사람들의 증언을 일일이 확인해 기록했다(눅 1:2; 행 1:21–22). 요한은 이 사실에 대해 이렇게 증거했다. "[2]*이 생명이 나타내신 바 된지라 이 영원한 생명을 우리가 보았고 증언하여 너희에게 전하노니 이는 아버지와 함께 계시다가 우리에게 나타내신 바 된 이시니라* [3]*우리가 보고 들은 바를 너희에게도 전함은 너희로 우리와 사귐이 있게 하려 함이니 우리의 사귐은 아버지와 그의 아들 예수 그리스도와 더불어 누림이라"(요일 1:2–3).* 베드로는 변화산에서의 그리스도의 변형 사건에 대한 사도들의 증언이 지어낸 이야기가 아니라 자신도 직접 목격한 사건임을 강조하였다(벧후 1:16–18).

초대교회는 사도들이 기록한 성경의 권위를 인정하고 그 말씀을 회람했다. 이렇게 하여 27권의 신약 성경이 모두 기록되기 전에 이미 기록된 신약 성경들은 구약과 더불어 정경으로 인정되었다.

바울은 데살로니가 교인들에게 *"내가 주를 힘입어 너희를 명하노니 모든 형제에게 이 편지를 읽어 주라"(살전 5:27)*고 명하였다. 골로새 교인들에게도 마찬가지였다. *"이 편지를 너희에게서 읽은 후에 라오디게아인의 교회에서도 읽게 하고 또 라오디게아로부터 오는 편지를 너희도 읽으라"(골 4:16).* 요한은 요한계시록을 읽고, 들으며, 그 말씀을 지켜 행하는 자가 복이 있다고 말하였다(계 1:3). 그러므로 사도들이 기록한 성경은 궁극적으로 전교회를 위한 말씀이었음을 알 수 있다.

사도들이 기록한 성경은 사도들에 의해 즉각적으로 그 권위를 인정받았다. 예를 들면, 바울 서신을 접한 베드로는 그것을 성도의 믿음과 행위의 유일한 기준이 되는 성경 말씀으로 인정하였다.

> *"15또 우리 주의 오래 참으심이 구원이 될 줄로 여기라 우리가 사랑하는 형제 바울도 그 받은 지혜대로 너희에게 이같이 썼고 16또 그 모든 편지에도 이런 일에 관하여 말하였으되 그 중에 알기 어려운 것이 더러 있으니 무식한 자들과 굳세지 못한 자들이 다른 성경과 같이 그것도 억지로 풀다가 스스로 멸망에 이르느니라"(벧후 3:15-16).*

베드로뿐만 아니라 다른 사도들도 마찬가지였다. 유다는 베드로의 글을 인용하였으며(유 1:17; 벧후 3:2 참조), 바울은 누가의 기록을 인용하였다(딤전 5:18; 눅 10:7 참조). 이런 사실에 비추어 볼 때, 초대교회 성도들이 사도들의 기록을 영감된 하나님의 말씀으로 대하였음이 분명하다.

그러나 신약 성경 중에도 정경성을 의심받은 책들이 있다. 히브리서는 누가 기록하였는지 알 수 없으므로 정경성을 의심받았다. 그리고 일부 학자들은 베드로가 베드로후서를 기록한 것이 아니라 익명의 기자가 유다서를 참조해 기록하였을 것으로 추정하였다. 요한계시록은 오랫동안 정경에 포함되지 않았으며, 허마의 목자서와 도마복음은 몇몇 교부들이 정경성을 인정하였음에도 불구하고 끝내 정경의 범위에서 제외되었다. 이에 관해서는 본장의 특주를 참조하라.

초대교회가 27권의 신약 성경을 정경으로 확정한 이래 지금까지 단 한 권도 가감되지 않았다. 이는 곧 하나님의 섭리에 의해 신약 정경이 정확하게 확정되었음을 의미한다.

신약 정경 형성사를 간략하게 정리하면 다음과 같다.

1. 사도들이 성경을 기록해 초대교회에 전하였으며, 교회는 성경 사본들을 만들어 여러 교회에 유포하였다.
2. 영감된 성경으로 인정된 책들이 수집되기 시작하였다. 이때에는 사도나 사도에 준하는 권위를 지닌 사람이 기록한 책인가 하는 여부가 중요한 채택 기준이 되었다. 누가는 사도가 아니었지만, 바울의 동역자로서 그 권위를 인정받았다. 히브리서는 누가 기록하였는지 알 수 없지만, 구약의 성취자인 예수 그리스도에 대해 밝히 증거하고 있으므로 정경으로 인정되었다.
3. 1세기말까지 27권의 신약 성경이 모두 기록되었으며, 교회는 그 책들을 정경으로 받아들였다.[3)] 그러나 지역에 따라서는 완전한 신약 정경 목록을 갖고 있지 못한 교회들도 있었다. 그 이유는 그 교회들이 일부 책들에 대해 아직 알지 못했기 때문이지 그 책들의 정경성을 부정하였기 때문은 아니다.
4. 사도 시대 이후, 교부들도 신약 성경을 자주 인용한 사실은 그들 역시 신약의 정

3) Norman Geisler and William E. Nix, *A General Introduction to the Bible*, rev. and exp. ed.(Chicago: Moody, 1986), 420, 430.
4) Ibid., 430.

경성을 인정하였음을 시사한다.[4)]

5. 일부 신약 성경의 정경성에 대한 논란이 4세기까지 지속되었다. 그러나 기독교 정통 신앙을 고수한 교부 아다나시우스(Athanasius)는 A.D. 367년에 신약 성경 27권의 정경성을 주장하였다.
6. 정경 확립의 중요성을 깨달은 교회는 히포 종교회의(A.D. 393년)와 카르타고 종교회의(A.D. 397년)에서 신약 성경 27권의 정경성을 재확인하였다.

우리는 이상의 사실에서 다시 한 번 하나님의 섭리를 깨닫게 된다. 교회 공의회(종교회의)가 한 일은 초대교회가 확정한 신약 정경에 대해 재확인하였을 뿐이지 단 한 권의 책도 가감하지 않았다.

"오직 성경으로!"라는 말처럼 사도 시대 당시부터 하나님의 말씀으로 인정된 신약 성경들은 하나님의 섭리에 의해 모두 수집되고 정경으로 확정되었다.[5)] 그 과정에 교회 공의회가 기여한 바는 아무것도 없다.

누가 성경을 기록하게 하였으며, 27권의 신약 성경이 정경으로 확정되게 하였을까? 하나님이 성경 기자들을 영감하여 성경을 기록하게 하셨으며, 초대교회로 하여금 그 말씀을 정경으로 받아들이게 하셨다. 초대 교인들은 사도들이 가르치고 기록한 말씀이 예수 그리스도와 믿음으로 말미암는 구원에 대해 증거하는 것임을 확실히 믿었다.

5) *Sola Scriptura! The Protestant Position on the Bible*, ed. Don Kistler(Morgan, Pa.: Soli Deo Gloria Publications, 1995), 19.

개신 교회와 카톨릭 교회의 성경관은 서로 다르다. 교회가 성경의 권위에 복종해야 하는가, 혹은 교회가 정경을 확정하는 권위를 지니고 있는가? 로마 카톨릭 교회는 교회가 정경의 범위를 결정하는 권한을 지니고 있기 때문에 교회의 권위가 성경의 권위에 우선한다고 주장한다.

1967년에 개최된 제2차 바티칸 공의회는 교회의 공적 지위에 대해 다음과 같이 선언하였다.

> "교회의 전승(tradition)과 성경은 상호 밀접한 연관성이 있기 때문에 분리하여 존립할 수 없다. 이 두 가지 모두 성령의 역사에 의해 죄인들을 구원하는 일에 효과적으로 기여하고 있다."[6)]

카톨릭 교회는 이 선언문에 입각해 성경에 나와 있지 않는 전승들을 양산하고 있는데, 개중에는 성경의 가르침과 상충되는 것들도 있다.

그러나 개신 교회는 하나님의 영감으로 기록된 성경만이 우리의 믿음과 행위의 유일한 기준임을 주장한다. 예를 들어, 아브라함 링컨이 직접 쓴 친서가 있다고 치자. 그렇다면 일부 사학자들이 그 편지의 진정성에 대해 의심하더라도 그것이 링컨의 친서임을 부정할 수는 없다. 하지만 그것이 정말로 링컨이 쓴 편지가 아니라면 아무리 많은 사학자들과 역사 학회가 링컨의 친서라고 주장하더라도 그들의 주장을 인정해선 안 된다.

성경이 하나님의 영감으로 기록된 책인 이상, 아무리 많은 교회가 부정하더라

6) Ibid., 11.

도 성경의 권위는 부정될 수 없다. 그러나 성경이 정말로 하나님의 영감으로 기록된 책이 아니라면 우리가 그 권위를 믿고 인정하는 것 자체가 무의미하다.

로마 카톨릭 교회는 성경 자체의 권위를 인정하지 않는다. 루터와 논쟁을 벌인 요한 에크(Johann Eck)는 "성경은 교회가 그 권위를 인정하지 않는 한 권위 있는 말씀이 되지 못한다"라고 주장하였다. 카톨릭 교회는 성경에 우선하는 권위를 지닌 교회의 공식적 가르침은 그 내용이 어떤 것이든 간에 절대 진리라고 주장한다. 그러나 개신 교회는 그들의 주장에 동의하지 않는다.

개신 교회는 오류를 범할 수 있는 교회가 무오한 성경을 정경으로 받아들이게 된 것은 하나님의 섭리 때문이라고 믿는다. 교회가 성도들의 공동체이긴 하지만 성도들 역시 이 땅에서는 불완전한 존재로서 살아가기 때문에 교회는 잘못을 범할 수 있다. 그러므로 성경에 우선하는 교회의 절대적 권위를 주장하는 것은 하나님의 권위에 도전하는 행위이다.

하나님의 섭리를 무시할 경우, 오류를 범할 수 있는 교회가 정확하게 정경을 확정하였다는 사실에 의문을 표할 수 있다. 그러나 일부 성경의 정경성에 대한 논란이 있었긴 하지만 신 · 구약 성경 66권이 정경으로 확정된 이래 지금까지 단 한 권도 가감된 적이 없다. 그럼에도 불구하고 계속 의문을 표하는 사람에게는 이렇게 말해 보라. "신 · 구약 66권을 숙독한 다음 그 가운데 어떤 책을 제외해야 하는지 말씀해 주십시오. 그리고 정경의 범위에 포함시켜야 할 책이 있다면 추천해 주십시오." 그러면 논쟁이 일단락될 것이다.

다시 한 번 강조하지만, 하나님은 초자연적 역사를 통해 자신의 말씀을 보전하셨다. 하나님은 불완전한 인간인 성경 기자들을 영감하여 정확 무오한 성경을 기록하게 하셨으며, 교회가 그것을 수집해 정경으로 받아들이게 하셨다. 다윗과 베드로 모두 인간적 결점을 지닌 자들이었음은 우리가 잘 아는 사실이다.

그러나 간음죄와 살인죄를 범한 다윗이 무오한 시편을 기록하였으며, 예수님을 세 번 부인한 베드로가 무오한 베드로전 · 후서를 기록하였다.

카톨릭 교회는 바울이 데살로니가 교인들에게 사도들의 유전(遺傳)을 지키라고 권면한 사실에 입각해 교회는 전승을 제정할 권리가 있다고 주장한다. "*그러므로 형제들아 굳건하게 서서 말로나 우리의 편지로 가르침을 받은 전통을 지키라*"(살후 2:15). 그리고 '진리의 기둥과 터'(딤전 3:15)는 성경이 아니라 교회라고 주장한다.

하지만 바울이 데살로니가 교인들에게 베푼 권면을 제대로 이해하기 위해서는 당시의 사정을 살펴보아야 한다. 데살로니가 교회에는 '주의 날'이 이미 도래하였다고 가르치면서 교인들을 미혹하는 거짓 교사들이 있었다. 그들은 사도들에게서 받았다고 하는 위조 편지로 교인들을 교묘하게 속였다(살후 2:2). 그러므로 바울은 데살로니가 교인들에게 자신이 친필로 쓴 편지만을 믿으며(살후 3:17), 자신이 직접 말로써 베푼 교훈만을 지켜 행하라고 권면하였다.[7] 그런데도 이 같은 바울의 권면에 입각해 전승을 제정할 교회의 권리를 논하는 카톨릭 교회의 주장은 억지에 불과하다.

전승에 대해서도 개신 교회와 로마 카톨릭 교회의 입장이 다르다. 사도들의 전승만이 유효하다고 보는 사람이 있는가 하면 교회는 시대 상황에 맞는 전승을 끊임없이 개발해야 한다고 주장하는 사람도 있다. 이러한 논란과 상관없이 성경의 가르침과 상반되는 전승들이 널리 유포되어 있는 것이 현실이다. 로마 교황 비오 9세(Pius IX)는 1870년에 개최된 제1차 바티칸 공의회에서 "내가 전승이다"라는 위험천만한 선언을 하였다.[8] 이는 곧 교황이 선포한 면죄부 교리, 성모 마리아 승천설과 같은 전승들이 절대적 권위를 지닌 진리임을 주장한 발

7) Ibid., 177.
8) Ibid., 12.

언이다. 그러나 면죄부의 정당성을 뒷받침해주는 성경적 근거는 신 · 구약 66권 그 어디에서도 찾아볼 수 없다. 마리아가 승천하여 지금 그리스도의 보좌 옆에 앉아 있으며, 주님과 더불어 성도들을 위해 중보 사역을 감당하고 있다는 전승도 하나님과 성도 사이의 중보자는 오직 예수 그리스도뿐이라고 하는 성경의 가르침과 상반된다.

그 성격상 성경의 가르침을 왜곡시키기 쉬운 것이 전승이다. 유대인들도 가지고 있는 대표적인 전승이 탈무드이다. 예수님 당시, 유대 종교 지도자들은 하나님의 말씀인 성경보다 자신들의 유전을 더 중요시하였으므로 주님은 그들의 잘못에 대해 통렬하게 책망하셨다. *"[6]이사야가 너희 외식하는 자에 대하여 잘 예언하였도다 기록하였으되 이 백성이 입술로는 나를 공경하되 마음은 내게서 멀도다 [7]사람의 계명으로 교훈을 삼아 가르치니 나를 헛되이 경배하는도다 하였느니라 [8]너희가 하나님의 계명은 버리고 사람의 전통을 지키느니라"(막 7:6–8).*

예수님이 유대 종교 지도자들을 책망하신 이유는 이 말씀에 잘 요약되어 있다. *"너희가 너희 전통을 지키려고 하나님의 계명을 잘 저버리는도다"(막 7:9).*

로마 교황과 카톨릭 교회 공의회가 제정한 전승들 중에는 성경과 상반됨은 물론 각 전승 간에도 상충되는 것들이 있다. 그런데도 여전히 그 모든 전승들이 무오한 것이라고 생각하는가?

두 가지 예를 들겠다.

- 로마 카톨릭 교회는 전통적으로 주교들 중의 주교인 교황이 교회의 수장(首長)이라고 주장한다. 그러나 그레고리우스 대교황(Gregory the Great)은 그

러한 주장이 비성경적 견해라고 선언하였다.[9]

- 교황 비오는 1559년 교회의 공식 허락을 받지 않고 성경을 보는 평신도들은 중대한 죄를 범하는 자라고 선언하였다. 그러나 제2차 바티칸 공의회는 그리스도인이면 누구든 자유롭게 성경을 볼 수 있다고 선언하였다.[10]

지금까지 살펴보았듯이 개신 교회와 카톨릭 교회의 성경관은 서로 다르다. 개신 교회는 교회가 성경의 권위에 복종해야 한다고 주장하지만, 카톨릭 교회는 교회의 권위가 성경의 권위에 우선한다고 주장한다.

오직 성경으로

개신교도들은 루터의 종교 개혁 이래 지금까지 "오직 성경으로!"를 소리 높여 외치고 있다. 우리 개신교도들은 어거스틴의 말에 동의한다. "성경에 근거한 가르침만이 우리의 믿음을 성장시키고 선한 행실을 힘쓰게 할 수 있다."

성경만이 우리의 믿음과 행위의 유일한 기준이 된다고 하는 "오직 성경으로!"의 개념은 이미 구약 성경에서 찾아볼 수 있다. 모세는 이스라엘 백성에게 이렇게 권고하였다. *"내가 너희에게 명령하는 말을 너희는 가감하지 말고 내가 너희에게 내리는 너희 하나님 여호와의 명령을 지키라"(신 4:2).* 성경은 하나님의 영감을 받은 성경 기자들이 정확 무오하게 기록한 하나님의 말씀이다. 그러나 교회의 전승은 오류를 범하기 쉬운 인간의 생각과 사상을 담고 있는 가르침일 뿐이다.

9) Ibid., 14.
10) Ibid., 14–15.

그리스도께서 신뢰하신 것은 구약 성경이었지 유대 장로들의 유전이 아니었다. 마찬가지로 우리가 전적으로 신뢰하여야 할 것은 교회의 전승이 아니라 하나님의 말씀인 성경이다. 성경의 가르침과 상반되는 전승은 우리를 진리에서 이탈하게 할 뿐임을 기억하라.

"오직 성경으로!"는 인간의 구원에 관한 하나님의 뜻과 성도가 어떠한 삶을 살아야 하는가에 대한 가르침이 성경에 명확하고도 충분하게 계시되어 있음을 의미한다. 그러므로 우리는 어떻게 하면 구원받을 수 있는지 알기 위해 성경 외의 다른 계시를 구할 필요가 없다. 물론 하나님이 교회에 세우신 성직자와 교사들의 가르침을 무시해서는 안된다. 그러나 만일 그들이 성경과 상반되는 내용을 가르친다면 그들의 말에 미혹되지 말아야 한다. *"마땅히 율법과 증거의 말씀을 따를지니 그들이 말하는 바가 이 말씀에 맞지 아니하면 그들이 정녕 아침 빛을 보지 못하고"(사 8:20).*

성경의 의미를 왜곡시키거나 모호하게 만들 수 있는 것이 전승이다. 그런데도 성경의 의미를 보다 명확하게 밝혀줄 수 있는 또 다른 계시가 필요하다고 주장하는 사람들이 있다. 하지만 하나님의 존재와 인간의 실상, 구원에 이르는 길, 성도의 생활 원리에 대한 가르침이 성경에 충분하고도 완전하게 수록되어 있음을 믿는 우리는 또 다른 계시를 필요로 하지 않는다.

성경은 교회가 *"너희는 사도들과 선지자들의 터 위에 세우심을 입은 자라 그리스도 예수께서 친히 모퉁잇돌이 되셨느니라"(엡 2:20)*고 증거한다. 초대교회 당시, 사도들이 전한 복음은 신약 성경에 기록되어 우리에게 전달되었다. 그러므로 우리는 구원의 진리를 알기 위해 초대교회 당시로 돌아갈 필요가 없다.

"[16]모든 성경은 하나님의 감동으로 된 것으로 교훈과 책망과 바르게 함과 의로 교육하기에 유익하니 [17]이는 하나님의 사람으로 온전하게 하며 모든 선한 일을

행할 능력을 갖추게 하려 함이라"(딤후 3:16-17). 그럼에도 불구하고 성경 외의 또 다른 가르침을 추구하는 자들은 근본적으로 하나님을 불신하는 자들이라 할 수 있다.

누군가가 성경에 대해 이렇게 정의하였다.

> 성경은 진리가 무엇인지를 알게 해주는 사전이다.
> 성경은 진리에 이르게 해주는 교훈이다.
> 성경은 진리의 향방을 알려 주는 안내판이다.
> 성경은 진리를 좇게 해주는 실천 도장이다.

요한은 성경의 제일 마지막 권인 요한계시록에서 엄숙한 경고를 하고 있다. 그 경고는 일차적으로 요한계시록에 관한 것이지만, 궁극적으로는 신 · 구약 성경 전체에 관한 것이다. 우리는 그의 경고에 귀를 기울여야 한다.

> "[18]내가 이 두루마리의 예언의 말씀을 듣는 모든 사람에게 증언하노니 만일 누구든지 이것들 외에 더하면 하나님이 이 두루마리에 기록된 재앙들을 그에게 더하실 것이요 [19]만일 누구든지 이 두루마리의 예언의 말씀에서 제하여 버리면 하나님이 이 두루마리에 기록된 생명나무와 및 거룩한 성에 참여함을 제하여 버리시리라"(계 22:18-19).

특주 성경에 포함되지 않은 책들

1) 외경

로마 카톨릭 교회가 사용하는 성경에는 신 · 구약 중간에 외경이 수록되어 있다. '외경'(Apocrypha)의 원어적 의미는 '감추어진 것들'로서 비의적(秘意的) 특성을 지닌 15권의 책을 가리킨다. 로마 카톨릭 교회는 그 중 11권을 성경으로 인정하여 신 · 구약 중간에 수록하고 있다. 그러나 카톨릭 교회의 역본 중 하나인 다우에이 역본(Douay Version of the Bible)에는 7권만 수록되어 있다.

B.C. 250년경에 애굽의 알렉산드리아에 거주하던 유대인 학자들이 구약 히브리어 성경을 헬라어로 번역하였는데, 이 역본을 70인역(Septuagint)이라고 한다. 전승에 의하면, '70인역'이란 70명의 학자들이 70일 만에 역본을 완성하였다고 해서 붙여진 명칭이라 한다. 그리스도 당시, 유대인들은 이 역본에 대해 알고 있었으며 직접 사용하는 사람들도 있었다. 신약 성경 기자들 중에도 이 역본을 인용한 사람이 있다.

그리스도 당시 사용되던 70인역에는 외경이 수록되어 있지 않았지만, 그 후 어떠한 연유에서인지 외경이 수록되었다. 학자들은 이 외경에 대해 제각기 다른 견해들을 표명하였다. 일부는 외경을 성경으로 인정하였지만, 일부는 비성경적인 책이라 하여 배척하였다. 외경을 성경으로 인정한 학자들 중에는 이레니우스(Irenaeus), 터툴리안(Tertullian), 알렉산드리아의 클레멘트(Clement) 등이 있다. 외경의 정경성을 부정한 학자들 중에는 아다나시우스, 오리겐(Origen), 제롬(Jerome) 등이 있다. 제롬은 헬라어 역본을 참조해 구약 히브리어 성경을 라틴어로 번역하였는데, 이것을 벌게이트역(the Vulgate)이라고 한다. 제롬은 벌게이트역에 외경을 수록하지 않으려 했지만, 결국 타의에 의해 수록하고 말았다.

개신 교회는 몇 가지 이유 때문에 외경의 정경성을 인정하지 않고 있다. B.C. 200년에서 A.D. 100년 사이에 기록된 것으로 추정되는 외경에는 그리스도 당시나 그 이전에 일어난 사건들이 기술되어 있다. 이러한 외경의 역사적 가치에 대해서는 어느 정도 인정할 수 있지만, 영감된 하나님의 말씀으로는 볼 수 없다. 그 이유에 대해 살펴보면 다음과 같다.

1. 신약 성경 기자들이 외경에 대해 언급한 적은 있지만(히 11:35; 유 1:14-15), 그 내용을 직접 인용한 경우는 없다.[11] 신약 성경 기자들은 물론 그리스도께서도 외경에 입각해 복음의 진리를 가르치신 적이 없다. 이는 주님이 "기록되었으되"라고 말씀하시면서 구약을 자주 인용하신 것과는 대조적으로서, 외경이 영감된 하나님의 말씀이 아님을 시사한다.

2. 로마 카톨릭 교회도 종교 개혁 시대 전까지는 구약 성경과 외경을 엄연히 구분했었다. 1518년에 아우크스부르크(Augsburg)에서 루터와 논쟁을 벌였던 카제탄(Cajetan) 추기경은 구약 주석(A Commentary on All the Authentic Historical Books of the Old Testament)을 간행하였는데, 주석 대상에 외경을 포함시키지 않았다.[12]

3. 카톨릭 교회가 처음으로 외경을 제2의 정경서로 인정한 것은 1546년 트렌트 공의회에서였다. 이 일은 루터가 비텐베르크(Wittenberg)에서 카톨릭 교회에 95개조의 반박문을 제시한 지 불과 29년 만에 일어났다.[13] 이처럼 카톨릭 교회가 외경을 정경으로 인정한 이유는 루터의 주장에 반박할 수 있는 근거들을 외경에서 찾을 수 있었기 때문이다. 예를 들면, 마카비하 12:46에는 죽은 자를 위한 기도가, 토비트서 12:9에는 행위에 의한 구원이 언급되어 있다. 그러나 트렌트 공의회는 15권의 외경 중 11권만을 정경으로 인정하였다. 오랫동안 외경이 항간에 나돌고 있었지만 카톨릭 교회는 그 중 일부만을 정경으로 받아들인 것이다.

4. 외경에는 꾸며낸 이야기들이 실려 있다.[14] 예를 들면, 벨과 용(Bel and the Dragon), 토비트(Tobit), 유딧(Judith)*에는 역사적 사건이 아니라 신화에 불과한 이야기가 수

11) Geisler and Nix, *A General Introduction to the Bible*, 267, 272.
12) Ibid., 269.
13) Ibid., 269.
14) Ibid., 271, 275.

록되어 있다.

5. 외경의 내용 중에서 역사적 오류들을 발견할 수 있다. 토비트서에는 토비트가 다윗 왕조를 배반한 여로보암(B.C. 931년)때부터 북왕국 이스라엘이 앗수르에 멸망당한 때(B.C. 722년)까지 생존한 것으로 언급되어 있다. 그렇다면 그의 나이가 적어도 209세가 넘는다는 계산이 나오지만, 토비트서에는 그가 112세에 죽은 것으로 언급되어 있다.[15] 유딧서 1:1에는 느부갓네살이 앗수르의 왕으로 언급되어 있지만, 실제로 그는 바벨론의 왕이었다. 그러므로 이런 오류가 발견되는 외경을 정확 무오한 하나님의 말씀인 성경으로 인정할 수 없다.[16]

6. 구약 히브리어 성경에는 외경이 수록되어 있지 않다.[17] 히브리어로 기록된 구약과는 달리 외경은 헬라어로 기록되어 있다. 그러므로 외경은 구약 정경이 확정된 이후에 기록된 것들임을 알 수 있다.

2) 신약 정경에서 제외된 책들

신약 성경과 유사한 형식을 취하고 있지만, 내용이 너무 조잡하고 허구적이어서 개신 교회와 카톨릭 교회 모두 배격한 책들이 있다. 프랭크 크랜(Frank Crane) 박사가 1979년에 이 책들에 대해 소개한 저서를 뉴욕의 벨 출판사를 통해 간행하였는데, 바로 「성경에서 제외된 책들」(The Lost Books of the Bible)이다. 프랭크 크랜 박사는 이 책 서문에서 다음과 같이 밝혔다. "1,500여 년 동

* 벨과 용: 히브리 성경에는 없고 헬라어 본문에 나오는 '다니엘의 증보문' 가운데 세 번째 부분이다. 나머지 두 부분과 함께 로마의 트렌트 공의회에서 정경으로 인정받고 다니엘서에 반드시 넣어야 할 부분으로 인정되었다.
토비트: LXX(70인역) 사본 중에 포함되어 있는 책 중 하나로, 히브리 성경에는 없고 외경 중 하나이다.
유딧: 외경 중 하나로, 책명 자체에 주인공의 이름이 나와 있다. 유딧이라는 이름은 히브리어 정경의 창세기 26:34에서 에서의 아내로서 단 한번 나와 있다(역자 주).

15) Ibid., 271.
16) Ibid.
17) Ibid., 272.

안 교회가 비밀에 부쳤기 때문에 일반 교인들이 접할 수 없었던 책들에 대해 소개하기 위해 본서를 집필하였다. 그 책들은 27권의 신약 정경에 포함되지 않은 책들이다."[18]

그러나 교회가 그 책들을 비밀에 부쳤다고 하는 것은 적절하지 못한 표현이다. 오랫동안 많은 학자들이 그 책들에 대해 검토한 다음, 일반 평신도들에게 추천할 만한 책이 못 된다는 평가를 내렸다. 개신 교회와 카톨릭 교회 모두 이 같은 평가에 동의해 그 책들을 평신도들에게 소개하지 않았을 뿐이다. 이 책들은 초대교회 당시부터 항간에 나돌던 것으로 복음서, 행전, 서신서, 묵시서의 형식을 띠고 있다.

바울은 데살로니가 교인들에게 거짓 교사들이 자신으로부터 전달받았다고 주장하며 내보이는 위조 편지에 속지 말라고 경고하였다. "*영으로나 또는 말로나 또는 우리에게서 받았다 하는 편지로나 주의 날이 이르렀다고 해서 쉽게 마음이 흔들리거나 두려워하거나 하지 말아야 한다는 것이라*"(살후 2:2). "*나 바울은 친필로 문안하노니 이는 편지마다 표시로서 이렇게 쓰노라*"(살후 3:17).

요한은 요한복음 말미에서 이렇게 밝혔다. "*예수께서 행하신 일이 이 외에도 많으니 만일 낱낱이 기록된다면 이 세상이라도 이 기록된 책을 두기에 부족할 줄 아노라*"(요 21:25). 예수님의 총애를 받던 제자인 요한이 결단코 죽지 않으리라고 하는 잘못된 소문이 그의 생존 당시에 이미 항간에 널리 퍼져 있었다(요 21:23-24). 그리고 예수님에 대한 수많은 날조된 기사들이 1, 2세기 동안 끊임없이 유포되었었다.

이처럼 허위 사실이나 지나치게 과장된 내용을 담고 있는 책들은 당연히 신약 정경에 포함될 수 없었다. 개중에는 처음부터 끝까지 신화로만 일관하고 있는

18) Frank Crane, *The Lost Books of the Bible*(New York: Bell, 1979).

책들도 있다.

프랭크 크랜 박사도 이점을 인정하고 있다. "나폴레옹, 샤를마뉴 대제, 줄리어스 시저와 같은 영웅들에 대한 수많은 신화들이 생겨났듯이, 예수 그리스도와 그분의 제자들에 대해서도 그들을 영웅시한 수많은 이야기들이 날조되었다. 그러므로 그런 이야기를 수록하고 있는 책들에서 진실을 발견하려 하지 말고, 다만 시대적 상황을 이해할 수 있는 참조거리로 삼아야 할 것이다."

3) 헤르마스의 목자서와 도마복음

이 두 책도 신약 정경에 포함되지 않았다. 그러나 이 책들의 사료적 가치는 물론 내용의 진정성에 대해서도 인정하는 학자들이 많다.[19)]

(1) 헤르마스의 목자서(The Shepherd of Hermas)

이 책은 헤르마스가 A.D. 90년에서 157년 사이에 로마에서 기록한 것으로 추정된다. 이 책에서 예수님은 계시를 통해 헤르마스에게 교훈을 베푸시는 목자로 묘사되어 있다. 헤르마스는 목자이신 그리스도에게 자신의 궁금증을 털어놓았다. "세례 받고 죄 사함받은 후 다시금 범하는 죄에 대해서는 회개해도 용서받을 수 없다고 말하는 랍비들이 있습니다."

목자이신 그리스도께서 대답하셨다. "그렇다. 이전의 죄를 사함 받은 자들은 다시는 죄를 범하지 말고 거룩하게 살아야 한다.…지금도 나를 믿고 앞으로도 나를 믿는 자는 이전 죄를 사함받았으므로 다시금 회개할 필요가 없다.…그러나 죄 사함받고서도 범죄하고 다시금 회개하는 일을 되풀이하는 자는 영생을 얻지 못할 것이다."

헤르마스는 "제가 진리를 깨달았으니 다시는 범죄치 않으므로 영생을 얻을 수

19) "Book That Almost Made It", *Christian History* 13, no. 3[Issue 43], 30–31.

있게 되었나이다"라고 고백하였다.

이처럼 비성경적인 내용을 담고 있는 헤르마스의 목자서가 신약 정경에 포함되지 않은 것은 너무나 당연하다. 죄를 회개하고서 세례 받은 후 다시금 범죄하는 자는 영생에 이를 수 없다고 하는 것은 성경의 구원 진리와 상반된 가르침이다. 헤르마스의 목자서의 모든 내용이 비성경적이지는 않지만 부분적이나마 인본주의적인 내용을 담고 있는 이상, 정경성을 인정해서는 안된다.

(2) 도마복음

도마복음은 예수님의 제자인 도마가 기록했다고 하는 비교적 짧은 내용의 책이다. 이 책은 항간에 널리 알려져 있었지만, 교부들은 모두 그 정경성을 부정하였다. 가이사랴의 유세비우스(Eusebius)는 이 책에 대해 "불경스럽고 불합리한 책이므로 멀리 해야 한다"라고 평가하였다. 이 책에는 예수님이 하셨다고 하는 말씀이 기록되어 있지만, 실상은 예수님의 권위를 빌어 영지주의 사상을 유포한 것일 뿐이다. 예수님이 말씀하셨다고 하는 이 같은 내용의 일부를 소개하겠다.

> "내 말의 의미를 깨닫는 자마다 영원히 죽지 않을 것이다.…둘을 하나로 만들고 안을 밖, 밖을 안, 위를 아래처럼 만들며, 남자와 여자를 하나로 만들어 남자가 남자 같지 않고 여자가 여자 같지 않게 만들 때…그때야 비로소 너희가 하나님 나라에 들어갈 것이다."

신 · 구약 66권 외에는 어떠한 책도 하나님의 말씀으로 인정할 수 없으며, 정경에 포함시킬 수도 없다. 하나님은 성경 기자들을 영감하여 하나님의 말씀을 정확 무오하게 기록하게 하셨으며, 교회가 그 말씀들을 정경으로 받아들이게 섭리하셨다. 그러므로 우리는 겸손하게 잠언 기자의 말을 경청하고 그 말씀을 가슴속에 새겨야 한다.

"[5]하나님의 말씀은 다 순전하며 하나님은 그를 의지하는 자의 방패시니
라 [6]너는 그의 말씀에 더하지 말라 그가 너를 책망하시겠고 너는 거짓말
하는 자가 될까 두려우니라"(잠 30:5-6).

• 말씀의 능력 •

체험적 이유
7

폭동이 발생한 로스앤젤레스 거리에서 길을 잃었다고 가정하자. 설상가상으로 여러분이 탄 차는 타이어 펑크로 더 이상 꼼짝할 수도 없다. 그때 건물 뒤에서 갑자기 나타난 일단의 젊은이들이 위협적인 몸짓으로 여러분에게 다가온다. 그들은 여러분을 차 밖으로 끌어내 폭행한 다음, 여러분이 갖고 있던 지갑과 손목시계 등을 빼앗아 유유히 사라져 버린다. 최악의 경우, 그들은 여러분을 살해하고 달아날 수도 있다.

그러나 이 젊은이들이 우연히 성경을 접한 후, 개과천선하였다는 소식이 전해졌다고 하자. 여러분은 물론 교회에 다니지 않는 이웃 주민들도 그 소식에 안도의 한숨을 내쉴 것이다. 성경은 하나님의 말씀이므로 사람을 변화시키는 능력이 있다. *"여호와의 말씀이니라 내 말이 불 같지 아니하냐 바위를 쳐서 부스러뜨리는 방망이 같지 아니하냐"(렘 23:29).* 이 말은 그 누구도 하나님의 말씀에 저항할 수 없다는 뜻이 아니다. 하나님을 믿지 않는 사람들은 성경이 신화로 가득 찬 인간의 저작에 불과하다는 악의적인 비난을 끊임없이 늘어놓고 있다. 그러나 그들의 비난에도 불구하고 계속해서 수많은 사람들이 하나님의 말씀에 굴복하며, 말씀의 능력을 시인하고 있다.

한 젊은이가 어머니로부터 선물 받은 성경을 길거리에 내팽개쳐 버렸다. 그러나 이후 그는 하나님의 강권적인 은혜로 회심하고서 자신이 성경을 땅바닥에 내버린 사실에 대해 회개하였다. 그 성경이 어떻게 되었는지 궁금해하던 그는 그 날 길을 가던 한 소년이 그 성경을 주워 집에 가지고 가 읽고서는 하나님을 믿게 되었음을 알았다. 평소에 전혀 알지 못했던 두 사람이 하나님의 말씀으로 인해 그리스도 안에서 한 형제가 된 것이다. 부모님께 불순종하던 젊은이와 코흘리개 어린아이의 마음을 이처럼 변화시킬 수 있는 또 다른 책이 있는가? 분명히 말하지만, 이 세상에는 성경 외에 그런 능력의 책이 없다.

여러분이 성경을 대하는 자세를 보면, 하나님을 얼마나 사랑하며 경외하는지 알 수 있다. 성경이 하나님은 아니므로 성경 자체를 경외하라는 말은 아니다. 다만 성경이 하나님의 말씀임을 인정하고 그 말씀에 순복해야 한다는 의미이다. 여러분이 성경을 펼칠 때 하나님의 음성을 들을 수 있지만, 성경을 계속 덮어 두는 한 하나님의 음성을 들을 수 없다.

말씀의 능력

1) 좌우에 날선 검과 같은 말씀

히브리서 기자는 하나님의 말씀을 로마 군인들의 검처럼 양날을 사용할 수 있는 칼에 비유하였다. 그러나 하나님은 그 칼을 사람들에게 상처 입히고 죽이는 데 사용하지 않고 곪은 데를 찢어 치유하는 수술용 칼로 사용하신다.

하나님이 구약 이스라엘 백성에게 말씀을 주셨지만, 그들이 그 말씀에 순종하지 않은 적이 있다. 그들은 마음을 강퍅하게 하여 하나님의 말씀을 무시해버린 것이다. 히브리서 기자는 그런 역사적 사실에 입각해 우리에게 권면한다. "*오늘 너희가 그의 음성을 듣거든 너희 마음을 완고하게 하지 말라*"(히 4:7). 이는 하나님이 우리에게 주시는 복된 소식의 은전(恩典)을 놓치지 말라는 뜻이다.

히브리서 기자는 하나님의 말씀의 놀라운 능력에 대해 잘 묘사하였다. 말씀의 능력은 곧 하나님의 능력임을 기억하라.

> *"[12]하나님의 말씀은 살아 있고 활력이 있어 좌우에 날선 어떤 검보다도 예리하여 혼과 영과 및 관절과 골수를 찔러 쪼개기까지 하며 또 마음의 생각과 뜻을 판단하나니 [13]지으신 것이 하나도 그 앞에 나타나지 않음이 없고 우리의 결산을 받으실 이의 눈 앞에 만물이 벌거벗은 것 같이 드러나느니라"(히 4:12-13).*

여기서 하나님의 말씀이 '살아 있다'라는 것은 하나님이 인간의 언어로 기록된 말씀을 우리에게 주셨으며, 우리가 그 말씀을 읽을 때 성령께서 우리의 마음을 감화시키심을 의미한다.

그리고 하나님의 말씀이 '활력이 있다'라는 것은 우리를 거듭나게 하시는 말씀의 능력을 의미한다. "*너희가 거듭난 것은 썩어질 씨로 된 것이 아니요 썩지 아니할 씨로 된 것이니 살아 있고 항상 있는 하나님의 말씀으로 되었느니라*"(벧전 1:23).

2) 혼과 영과 및 관절과 골수를 찔러 쪼개는 말씀

히브리서 기자는 하나님의 말씀이 좌우에 날선 어떤 검보다도 예리하다고 하였다. '예리하다'에 해당하는 헬라어 '토모테로스'(tomoteros)는 '자르다'는 '템

노'(temno)에서 파생한 말로서 외과 수술이나 절개 수술을 할 때 사용하던 단어이다.

"혼과 영과 및 관절과 골수를 찔러"에서 '찌르다'에 해당하는 헬라어 '디이크네오마이'(diikneomai)는 '관통하다'라는 뜻이다. 하나님의 말씀은 우리의 혼과 영을 둘로 쪼개는 것이 아니라 우리의 심령을 꿰뚫어 마음속으로 생각하는 바를 낱낱이 드러낸다.

한편, 일부 신학자들은 본 절에 입각하여 인간을 혼과 영과 육체로 구분하는 삼분설을 주장한다. 그러나 '혼'과 '영'은 제각기 다른 대상을 가리키는 것이 아니라 동일한 대상을 가리키는 각기 다른 말일 뿐이다. 그리고 '관절'은 뼈와 뼈를 연결해 주는 부위이며, '골수'는 뼈 안에 차 있는 조직이다. 이것들은 신체 내부의 가장 깊숙한 곳에 있는 것들을 대표적으로 가리킨 것일 뿐이다.

케네스 뷰스트(Kenneth S. Wuest)는 본 절을 주석하면서 빈센트(Vincent)의 말을 인용하였다. "본 절은 시적 표현으로서 예리한 칼로 신체 부위를 절개하듯이 인간의 심령을 속속들이 파헤치는 하나님의 말씀의 능력을 강조한 구절이다."[1] 다시 말해, 본 절은 말씀으로 역사하시는 하나님의 초월적 능력을 강조한 표현이다.

하나님의 말씀은 우리 "마음의 생각과 뜻을 판단"한다. 여기서 '판단하다'라는 말은 '체로 치다', '증거를 분석하다'라는 뜻이다. 우리는 상대방이 말이나 글로 표현하지 않는 한 그 사람의 생각을 알 수 없다. 그러나 하나님은 말씀으로 우리를 판단하실 뿐만 아니라 우리의 심중을 꿰뚫어 보신다.
하나님 앞에서 우리는 겉으로 드러난 행동뿐만 아니라 속마음까지도 판단받게

1) Kenneth S. Wuest, *Hebrews in the Greek New Testament*(Grand Rapids: Eerdmans, 1948), 89.

된다. 하나님은 과거에 우리가 품었던 생각은 물론 앞으로 품을 생각까지도 다 아신다. 뷰스트는 "하나님의 말씀은…마음의 생각과 뜻을 판단하나니"를 "하나님의 말씀은…마음의 생각과 뜻을 체질하고 분석하나니"로 의역하였다.[2)]

인간은 근본적으로 부정직한 존재이다. 그러므로 누군가가 지켜보고 있지 않으면 부도덕하게 행동하기 쉽다. 그러나 하나님이 항상 우리를 지켜보고 계심을 기억하라. 그리고 하나님의 말씀의 등불에 비추어 자신의 모습이 어떠한지 항상 점검하라. 다른 사람들이 우리의 속마음을 알지 못하므로 우리는 위선적으로 행동할 수 있다. 그러나 하나님은 우리가 내 자신에 대해 알고 있는 것보다 더 정확하게 속속들이 우리를 알고 계신다.

의사들이 내시경을 통해 우리 신체 내부를 들여다보듯이, 하나님은 우리의 심중을 꿰뚫어 보신다. 하나님의 말씀에 입각해 스스로를 판단해보라. 그러면 여러분이 옳은 생각과 올바른 행동을 하고 있는지 정확하게 분석할 수 있을 것이다. 빈센트는 이런 말을 했다. "하나님의 말씀은 예리하고 관통력이 있다. 그러므로 우리가 자기 양심을 속인 것까지도 낱낱이 파헤쳐 들추어내신다."[3)]

바울은 마음속으로 품었던 욕망조차 죄란 사실을 율법에 비추어 알게 되었음을 고백하였다. *"그런즉 우리가 무슨 말을 하리요 율법이 죄냐 그럴 수 없느니라 율법으로 말미암지 않고는 내가 죄를 알지 못하였으니 곧 율법이 탐내지 말라 하지 아니하였더라면 내가 탐심을 알지 못하였으리라"(롬 7:7).* 하나님의 말씀이 없다면, 우리는 자신의 생각과 생활 방식을 좇아 제멋대로 살면서도 그것이 정당한 것인 양 주장할 것이다. 그러나 하나님이 우리에게 성경을 주셨기 때문에 인간은 모두 죄인이며, 예수 그리스도로 말미암지 않고는 구원받을 수 없음을 알게 되었다.

2) Ibid., 87.
3) Ibid., 88, 89.

하나님은 우리 스스로 행할 수 없는 일을 우리를 위해 말씀으로 친히 역사하고 계신다. 하나님의 말씀이 없다면 우리는 자신이 어떤 존재이며, 우리의 행동이 어떠한지를 알 수 없을 것이다. 그러나 말씀이 있기 때문에 우리는 마치 거울을 들여다보듯 자신을 비추어 보게 된다.

3) 우리를 벌거벗기는 말씀

온갖 근육과 신경 조직, 뼈와 살이 다 드러난 채 해부대 위에 놓인 시신을 상상해 보라. *"지으신 것이 하나도 그 앞에 나타나지 않음이 없고 우리의 결산을 받으실 이의 눈 앞에 만물이 벌거벗은 것 같이 드러나느니라"(히 4:13).*

히브리서 기자는 기록된 하나님의 말씀인 성경과 성육신하신 하나님의 말씀인 그리스도를 자연스럽게 연결시키고 있다. 그러면서 그리스도께서 우리를 주목하고 계심을 강조한다. 엑스레이와 같은 하나님의 말씀이 우리의 실상을 밝히 드러내듯, 그리스도께서도 우리의 마음속을 훤히 들여다보고 계신다.

비유적으로 말하자면 우리는 하나님의 수술대 위에 드러누워 있다. 하나님의 말씀은 우리의 실상과 허상, 옳고 그름, 순전함과 부도덕함을 구별해 악성 종양과 같은 것들을 제거해낸다. 머리까지도 절개되어 뇌가 드러나 있는 것과 같은 상태이므로 우리의 은밀한 생각조차 더 이상 숨길 수 없다. 내 자신을 다른 사람과 비교해 보면, 나의 행실이 어떠한지 가늠할 수 있다. 그러한 상대적 비교에 의해 그래도 나는 선량한 사람이라고 자위할 수도 있다. 그러나 불꽃 같은 눈동자로 우리의 중심을 꿰뚫어 보시는 하나님 앞에서 자만할 수 있는 사람은 아무도 없다.

프로이드(Freud)는 인간의 마음속에는 아무에게도 드러내 보이고 싶지 않아 하는 잠재 의식이 존재한다고 한다. 그러면서 인간의 모든 행동은 잠재 의식의 발로이므로 행동을 분석하면 심리적 동기를 파악할 수 있다고 주장하였다.

남녀 노소, 신분 고하를 막론하고 인간은 누구나 자기 양심을 속이면서까지 범죄할 수 있다. 그러면서도 자기 행동을 합리화하려는 것이 인간의 본성이다. 하나님은 이러한 인간의 모습을 정확하게 간파하고 계신다. 우리의 의식은 물론 잠재 의식까지 꿰뚫어 보시는 하나님은 우리가 선한 행실뿐만 아니라 악한 행실도 범할 수 있음을 아신다.

미국의 조사단이 이라크의 무기고를 시찰하러 왔을 때, 사담 후세인(Saddam Hussein)은 사전에 이미 화학 무기들을 비밀 보관 장소로 다 옮겨 놓았다. 그러므로 조사단원들은 허탕을 치고 본국으로 돌아갈 수밖에 없었다. 이와 마찬가지로 인간은 한사코 자신의 죄악을 숨기려 들며, 자기의 행동을 변명하려 든다. 그러나 하나님 앞에서 숨길 수 있는 것이라곤 아무것도 없다. "*우리의 결산을 받으실 이의 눈 앞에 만물이 벌거벗은 것 같이 드러나느니라*"(*히 4:13*).

1960년대에 무디교회 담임 목사였던 앨런 레드패드(Alan Redpath)는 교인들에게 늘 그리스도께 대한 복종과 성령 충만한 삶을 강조하였다. 그러던 그가 갑자기 뇌졸증에 걸려 병원에 입원하게 되었다. 다행히도 그의 병세는 호전되었는데, 그때 침대에 누워 지내던 그는 자신의 삶을 돌아보는 중에 은밀한 죄악들을 깨닫게 되었다. "교인들에게는 거룩한 삶을 강조하면서도 나 스스로는 온갖 죄악된 생각들을 품었었구나." 그래서 그는 목사직을 사임하기로 결심했다. 그러나 그때 그에게 속삭이는 하나님의 음성이 들려왔다. "나는 너를 영육간에 회복시키려고 한다. 그러니 먼저 네 자신이 완전한 실패자임을 시인하고 네게 있어서 선한 것이라곤 오직 예수 그리스도뿐임을 인정하라." 이후 건강을 회복하고서 다시금 교인들 앞에 서게 된 레드패드 목사는 병상에서의 자신의 신앙 체험에 대해 간증하였다.

그리스도를 믿고 하나님 앞에서 의롭다 칭함받은 성도라 할지라도 이 세상에서는 완전히 거룩해질 수 없다. 그러므로 우리도 레드패드 목사와 마찬가지로

"내게 있어서 선한 것이라곤 오직 예수 그리스도뿐이다"라고 고백해야 한다. 바울은 이렇게 고백했다. *"내 속 곧 내 육신에 선한 것이 거하지 아니하는 줄을 아노니 원함은 내게 있으나 선을 행하는 것은 없노라"*(롬 7:18).

레드패드 목사가 자신의 죄를 깨달은 것처럼 우리가 우리의 죄악을 깨닫게 되는 까닭은 하나님의 말씀이 우리 가운데서 역사하기 때문이다. 하나님의 말씀을 떠나서 우리는 얼마든지 자신을 정당화하며 미화할 수 있다. 그러나 하나님의 말씀 앞에서는 은밀한 죄악까지 다 드러나므로 누구든 자랑할 수 없다.

다른 사람을 비난하며 그 사람의 행동을 평가하기는 쉽지만, 내 자신을 돌아보기는 쉽지 않다. 이러한 잘못을 범하지 않기 위해서는 겸손히 잠언 기자의 말에 귀를 기울여야 한다. *"[16]여호와께서 미워하시는 것 곧 그의 마음에 싫어하시는 것이 예닐곱 가지이니 [17]곧 교만한 눈과 거짓된 혀와 무죄한 자의 피를 흘리는 손과 [18]악한 계교를 꾀하는 마음과 빨리 악으로 달려가는 발과 [19]거짓을 말하는 망령된 증인과 및 형제 사이를 이간하는 자이니라"*(잠 6:16-19).

4) 우리를 치유하는 말씀

다른 사람은 우리를 속속들이 알지 못하지만, 하나님은 우리의 모든 것을 알고 계시므로 그분 앞에서 숨길 수 있는 것이라곤 아무것도 없다. 그러므로 우리는 하나님으로부터 멀리 달아나려 하지 말고 주님에게로 더 가까이 나아가야 한다. 하나님은 우리의 죄를 용서하며, 진리 가운데서 자유하게 하려고 우리를 기다리고 계신다. 히브리서 기자는 우리에게 이렇게 권면한다. *"그러므로 우리는 긍휼하심을 받고 때를 따라 돕는 은혜를 얻기 위하여 은혜의 보좌 앞에 담대히 나아갈 것이니라"*(히 4:16).

프리기아의 고르디우스(Gordius) 왕은 좀처럼 풀기 어려운 복잡한 매듭을 묶은 후 이것을 푸는 자는 아시아를 지배하리라고 예언하였는데, 알렉산더 대왕이 칼로 매듭을 절단함으로써 그 문제를 풀었다. 하나님의 말씀은 검과 같아서 우리를 옭아매고 있는 죄악의 사슬을 절단하여 자유하게 할 수 있다. 그러므로 우리는 죄악 가운데 절망할 것이 아니라 하나님의 구원 은총을 사모해야 한다.

사람들은 대개 수술용 칼보다 비타민 정제, 외과 수술보다 약물 치료 요법을 선호한다. 살을 찢고서 종양을 제거해야 하는데도 그러한 아픔을 겪지 않고 낫기를 바라는 것이 인간의 어리석은 실상이다. 그러나 하나님은 우리를 치유하기 위해 환부에 칼을 대신다. 우리가 철저히 회개할수록 하나님은 우리에게 더 큰 은혜를 베푸신다. 우리가 의지할 분이라곤 오직 하나님밖에 없음을 깨달을 때, 하나님은 우리를 감싸안고 두 손을 꼭 잡아 주신다.

하나님의 위로의 말씀을 기억하라. "*이제는 나 곧 내가 그인 줄 알라 나 외에는 신이 없도다 나는 죽이기도 하며 살리기도 하며 상하게도 하며 낫게도 하나니 내 손에서 능히 빼앗을 자가 없도다*"(신 32:39). 하나님은 우리의 환부를 절개하여 상처를 치료한 다음, 찢었던 부위를 다시 봉합하신다. 시편 기자는 이런 신앙 고백을 하였다. "*그가 그의 말씀을 보내어 그들을 고치시고 위험한 지경에서 건지시는도다*"(시 107:20). 하나님의 말씀은 지금 이 순간에도 우리 가운데서 역사하고 있다.

"*상심한 자들을 고치시며 그들의 상처를 싸매시는도다*"(시 147:3). 상한 심령을 고쳐주겠다고 하시는 하나님의 약속은 변개될 수 없는 것임을 명심하라.

존 웨슬리(John Wesley)는 임종 직전에 이런 고백을 했다.

> "인생은 마치 날아가는 화살과 같다.…이제 잠시 후면 나는 영원한 하나님 나라에 이를 것이다. 하나님은 누구든지 영생에 이를 수 있는 길을 성경에 기록해 우리에게 주셨다. 그러므로 어떠한 대가를 치르더라도

그 책을 소유할 수 있어야 하겠다."

하나님께 순복한다는 것은 주님의 말씀에 순종하는 삶을 사는 것을 의미한다. *"주께서 주의 말씀을 주의 모든 이름보다 높게 하셨음이라"*(시 138:2).

한편, 성경은 하나님과 공통된 특성을 지니고 있다. 하나님이 빛이시듯, 성경도 우리의 빛이다. *"주의 말씀은 내 발에 등이요 내 길에 빛이니이다"*(시 119:105). 아버지가 비춰주는 손전등의 불빛에 의지해 밤길을 걷는 어린아이처럼 우리는 하나님의 말씀에 의지하여 우리의 발을 내딛을 수 있다. 수렁에 빠지지 않도록 불빛과 같이 우리의 앞길을 밝혀 주는 것이 하나님의 계명이다.

시편 19편에도 하나님과 성경의 공통된 특성이 잘 묘사되어 있다. 자연은 창조주 하나님의 영광과 권능을 증거해 주지만, 하나님의 사랑과 은혜에 대해서는 계시해 주지 않는다. 더구나 인간의 타락과 더불어 자연도 본래의 모습을 상실하였으므로 자연을 통해서는 하나님에 대해 완전히 알 수 없다.

그러나 하나님의 섭리에 의해 정확 무오하게 기록된 성경은 하나님의 속성과 우리를 향한 주님의 뜻을 밝히 증거해준다. 이미 앞에서 살펴보았듯이 허물 투성이인 다윗이 무오한 성경을 기록하였다고 하는 것은 분명 놀라운 일이지만 하나님이 그렇게 역사하셨다. 만일 성경에 오류가 가득하다면, 그 책은 아무도 믿어서는 안 되는 사기꾼들의 저작에 불과하다. 그러나 성경이 정말로 무오한 이상, 그 말씀을 각자의 삶의 표석으로 삼아야 할 것이다.

시편 19편에서 하나님과 성경 모두에 해당되는 여섯 가지 형용사를 찾아볼 수 있다. 그 말씀을 찾아 읽고서 해당 구절에 밑줄을 그어 보라. 그러면 성경이 참으로 하나님의 말씀임을 재삼 확신할 수 있을 것이다.

1) 완전함(Perfection)

"여호와의 율법은 완전하여 영혼을 소성시키며"(시 19:7). 하나님은 완전하신 분이므로 주님의 말씀 역시 완전하며, 그토록 완전한 성경만이 우리의 영혼을 소성시킬 수 있다.

하나님은 말씀의 능력을 통해 우리를 회심시키시고 구원에 이르게 하신다. *"23 너희가 거듭난 것은 썩어질 씨로 된 것이 아니요 썩지 아니할 씨로 된 것이니 살아 있고 항상 있는 하나님의 말씀으로 되었느니라 24 그러므로 모든 육체는 풀과 같고 그 모든 영광은 풀의 꽃과 같으니 풀은 마르고 꽃은 떨어지되 25 오직 주의 말씀은 세세토록 있도다 하였으니 너희에게 전한 복음이 곧 이 말씀이니라"(벧전 1:23-25).* 야고보도 이와 유사한 말을 하였다. *"그가 그 피조물 중에 우리로 한 첫 열매가 되게 하시려고 자기의 뜻을 따라 진리의 말씀으로 우리를 낳으셨느니라"(약 1:18).*

하나님은 우리가 성경을 읽을 때, 성령을 통해 우리의 마음을 감동 감화하게 하신다. 그러므로 우리는 성경에 증거된 그리스도께서 우리의 구주이심을 믿고 구원받게 된다. 이처럼 성경은 하나님의 뜻을 우리에게 계시하고, 우리를 구원하는 능력의 말씀이다.

2) 확실함(Faithfulness)

"여호와의 증거는 확실하여 우둔한 자를 지혜롭게 하며"(시 19:7). 여기서 '확실

하다'는 말은 '믿을 수 있다'는 뜻이다. 하나님이 영원 불변한 분이시듯 주님의 말씀 또한 영원히 변치 않는 것이므로 우리는 그 말씀을 내 삶의 좌우명으로 삼을 수 있다.

타락 일변도의 이 세상에서는 누구나 범죄하기 쉽다. 그러나 하나님의 말씀을 늘 가까이 하는 사람은 죄악의 유혹에 맞서 자신을 지킬 수 있다. 신실하신 하나님이 우리에게 주신 축복의 말씀이 성경임을 기억하라.

3) 정직함(Righteousness)

"여호와의 교훈은 정직하여 마음을 기쁘게 하고"(시 19:8). '정직하다'에 해당하는 히브리어는 '공명 정대하다'는 말에서 유래한 단어이다. 공의로우신 하나님은 정확한 잣대와 같은 말씀의 기준에 입각해 우리의 모든 행위를 판단하신다. 그러므로 우리는 하나님의 공의로운 심판에 대해 아무런 불평을 할 수 없다.

4) 순결함(Purity)

"여호와의 계명은 순결하여 눈을 밝게 하시도다"(시 19:8). 거룩하신 하나님이 우리에게 주신 성경에는 오류나 불순한 내용이 담겨 있지 않다. 우리는 이 같은 성경에 비추어 자신의 실상을 정확하게 파악할 수 있으며, 하나님이 거룩하듯이 우리도 거룩한 삶을 살려면 어떻게 해야 하는지 교훈받게 된다.

오늘날 명상과 같은 방법을 통해 진리를 깨달으려고 노력하는 사람들이 많다. 그러나 그러한 방법으로는 주관적 확신을 얻을 수 있을지언정 절대 진리를 깨달을 수 없다. 하나님은 우리에게 구원의 진리가 담겨진 성경을 주셨다. 그러므로 진리를 깨닫기 원하는 사람은 명상을 할 것이 아니라 성경을 묵상해야 한다.

5) 정결함(Cleanness)

"여호와를 경외하는 도는 정결하여 영원까지 이르고"(시 19:9). 여기서 '여호와

를 경외하는 도'는 '하나님의 율법'을 가리킨다. 모세는 하나님이 이스라엘 백성에게 율법을 주신 목적에 대해 이렇게 기록하였다. *"여호와께서 내게 이르시기를 나에게 백성을 모으라 내가 그들에게 내 말을 들려주어 그들이 세상에 사는 날 동안 나를 경외함을 배우게 하며 그 자녀에게 가르치게 하리라 하시매" (신 4:10).*

하나님의 말씀은 정확 무오하므로 우리는 그 말씀을 통해 하나님의 속성과 뜻, 섭리에 대해 정확하게 이해하고 주님께 순복할 수 있다.

6) 진실함(Truth)

"여호와의 법도 진실하여 다 의로우니"(시 19:9). 하나님이 전혀 거짓이 없는 진실한 분이시듯, 주님의 말씀 또한 진실하다.

다윗은 그리스도로 말미암는 구원과 성령 강림에 대한 하나님의 계시가 명확하게 드러나기 이전 시대에 산 사람이다. 그런데도 그는 하나님의 말씀을 찬미하면서 그 말씀을 지키는 자가 복되다고 하였다. *"[10]금 곧 많은 순금보다 더 사모할 것이며 꿀과 송이꿀보다 더 달도다 [11]또 주의 종이 이것으로 경고를 받고 이것을 지킴으로 상이 크니이다"(시 19:10-11).*

황금만능주의 사상에 젖어 있는 현대인들은 행복의 척도를 소유의 많고 적음에 따라 저울질한다. 그러나 모든 것을 소유하고서도 하나님의 말씀을 무시하는 사람보다, 아무것도 가진 것이 없지만 하나님의 말씀을 사랑하고 지켜 행하는 사람이 진정으로 행복한 사람이다.

그러므로 다음과 같은 다윗의 고백은 우리 모두의 고백이어야 한다. *"[12]자기 허물을 능히 깨달을 자 누구리요 나를 숨은 허물에서 벗어나게 하소서 [13]또 주의 종에게 고의로 죄를 짓지 말게 하사 그 죄가 나를 주장하지 못하게 하소서 그*

리하면 내가 정직하여 큰 죄과에서 벗어나겠나이다 [14]*나의 반석이시요 나의 구속자이신 여호와여 내 입의 말과 마음의 묵상이 주님 앞에 열납되기를 원하나이다*"(시 19:12-14).

우리는 성경을 묵상하는 가운데 하나님의 사랑과 사유하시는 은총을 깨닫고서 주님을 경외하게 된다. 하나님은 우리의 죄를 들추어내실 뿐만 아니라 어떠한 죄악도 다 용서해주신다. 다윗은 이렇게 반문했다. "*자기 허물을 능히 깨달을 자 누구리요*"(시 19:12). 하나님의 말씀에 비추어 보지 않는 한, 죄가 죄인 줄 깨달을 수 있는 사람은 아무도 없다.

다윗은 이어서 이렇게 기도했다. "*또 주의 종에게 고의로 죄를 짓지 말게 하사 그 죄가 나를 주장하지 못하게 하소서*"(시 19:13). 우리는 성경을 통해 죄가 무엇인지를 깨달을 뿐만 아니라 어떻게 하면 죄악을 멀리할 수 있는지도 알게 된다.

하나님의 말씀은 영(靈)의 양식으로서 우리의 신앙 성장에 필요한 모든 것을 제공해준다. 19세기의 유명한 설교가인 찰스 스펄전(Charles Spurgeon)은 이런 고백을 하였다.

> "성경은 나를 괴롭게 하지만 또 한편으로는 나를 위로한다. 성경은 나를 책망하는 한편 또한 격려한다. 성경은 나의 죄를 깨닫고 애통하게 하는가 하면 하나님의 사유 은총을 깨닫고 감사 찬송하게 한다. 성경은 나의 앞길을 인도하는 안내자이자 가장 좋은 친구이다. 그러므로 나는 아침 저녁으로 그 말씀을 읽고 교훈을 받는다."[4)]

성경이 말하는 것은 곧 하나님이 말씀하시는 것이다. 그러므로 하나님을 사랑

4) Charles Spurgeon, "The Word a Sword", in *The Treasury of the Bible*, The New Testament, vol. 4(Grand Rapids: Zondervan, 1962), 40.

하고 경외해야 할 영적 자녀인 우리 성도들은 항상 주님의 말씀에 귀를 기울이고 그 말씀에 순복해야 한다.

특주 하나님의 복된 약속

하나님은 여호수아에게 약속하셨다. "*이 율법책을 네 입에서 떠나지 말게 하며 주야로 그것을 묵상하여 그 안에 기록된 대로 다 지켜 행하라 그리하면 네 길이 평탄하게 될 것이며 네가 형통하리라*"(수 1:8).

시편에도 동일한 약속의 말씀이 기록되어 있다. "[2]*오직 여호와의 율법을 즐거워하여 그의 율법을 주야로 묵상하는도다* [3]*그는 시냇가에 심은 나무가 철을 따라 열매를 맺으며 그 잎사귀가 마르지 아니함 같으니 그가 하는 모든 일이 다 형통하리로다*"(시 1:2-3).

하나님의 말씀의 능력을 체험하고 싶다면 주야로 그 말씀을 묵상해보라. 그러면 하나님이 약속하신 여러 축복을 누리게 될 것이다. 첫째, 시냇가에 심은 나무가 늘 푸르름을 유지하는 것과 같은 축복이다. 시냇가에 심은 나무는 아무리 가물어도 그 잎사귀가 마르지 않는다. 이와 마찬가지로 하나님의 말씀을 믿는 자는 영원한 생명을 소유하게 된다.

원예가들의 말에 의하면, 겉으로 드러나 보이는 나무 둥치에 비해 땅 속의 뿌리가 더 깊게 뻗어 있는 경우가 많다고 한다. 이처럼 뿌리가 든든한 나무는 바람이 아무리 세차게 불어도 능히 견딜 수 있다. 사막에서도 식물이 자라고 있음은 그 부근에 오아시스가 있기 때문이다.

내 친구 중 아내가 암에 걸려 사망했는데, 그는 자신의 비극을 담담하게 받아들였다. 그토록 고통스러운 상황에서도 마음의 평안을 유지할 수 있는 비결에 대해 묻자, 그는 이렇게 대답했다. "아내와 나는 날마다 성경을 읽었네. 그리고 항상 신약 성경 테이프를 틀어놓고 말씀에 귀를 기울였지. 바로 그 말씀이 고통을 물리치고 내 마음에 평안을 안겨 주었다네."

둘째, 시냇가에 심은 나무가 철을 따라 열매를 맺는 것과 같은 축복이다. 나무는 그 열매를 보아 어떤 나무인지 알 수 있다. 예를 들면, 여러분이 원예 전문가가 아니더라도 사과 열매가 달린 것을 보면 그 나무가 사과나무임을 알 수 있다. 바울은 하나님의 말씀을 묵상하고 그 말씀대로 지켜 행하는 성도들이 맺게 되는 신령한 열매에 대해 이렇게 증거하였다. *"22오직 성령의 열매는 사랑과 희락과 화평과 오래 참음과 자비와 양선과 충성과 23온유와 절제니 이같은 것을 금지할 법이 없느니라"(갈 5:22-23).*

나무가 계속 자라기 위해서는 태양 빛과 어두움이 필요하다. 나무는 낮 동안 태양으로부터 에너지를 공급받으며, 밤에는 에너지를 저장한 채 휴식을 취한다. 이와 마찬가지로 우리가 영적으로 성장하기 위해서도 태양 빛에 해당하는 격려와 어두움에 해당하는 고통이 모두 필요하다. 예수님은 우리에게 신앙의 인내를 강조하셨다. 그 이유는 끝까지 견디는 자만이 하나님이 기뻐하시는 신앙의 열매를 맺을 수 있기 때문이다.

나무가 보다 충실한 열매를 맺도록 하기 위해서는 가지치기를 해주어야 한다. 잔가지를 치지 않으면 나뭇잎들이 너무 많은 에너지를 소비하므로 결국 알찬 열매를 기대하기 어렵다. 하나님이 궁극적으로 원하시는 것은 우리의 일순간의 기쁨이 아니라 계속적인 성장과 열매 맺는 것이다.

물가에 심긴 나무는 가뭄이 닥쳐도 푸르름을 잃지 않는다. 우리가 영적으로 그 같은 생명력을 유지할 수 있기 위해선 어떻게 해야 할까? 첫째, 하나님의 말씀을 묵상해야 한다. 여기서 '묵상'의 의미는 성경을 읽고, 그 말씀을 자신의 삶에 적용하는 것을 뜻한다. 이 말씀은 하나님에 대해 뭐라고 증거하는가? 이 말씀은 내게 무슨 교훈을 주는가? 성경을 묵상하지 않고 그냥 건성으로 읽는 것은 아무런 의미가 없다.

프랑스로 여행을 떠난 부부가 밤에 빛난다는 보석함을 사 가지고 돌아왔다. 그러나 화장대 앞에 놓아둔 그 보석함은 밤 중에 빛을 발하지 않았다. 마침 그들의 이웃 가운데 불어를 할 줄 아는 사람이 있었다. 그 사람이 불어로 표기된 안내서를 살펴보니 이런 내용이 적혀 있었다. "낮 동안 태양 빛을 충분히 쪼이십시오. 그러면 밤중에 빛을 발할 것입니다."

둘째, 하나님의 말씀을 우리 마음속에 늘 간직해야 한다. 여러분은 기억력이 좋지 못하므로 성경을 암송하는 것이 힘들다고 변명하겠지만 그렇지 않다. 성경 말씀을 한 절씩 암송할 때마다 100달러를 주겠다는 제의를 받았다고 가정하자. 그러면 여러분은 스스로도 믿지 못할 만큼 빠른 속도로 수많은 성경 말씀구절을 암송할 것이다. 하나님이 주의 말씀을 늘 가까이하는 자들에게 약속하신 것은 수백만 달러보다 더 귀한 영생임을 유념하라.

지금 고통스러운 상황에 처해 있는가? 그렇다면 우리에게 심령의 평안을 약속하신 하나님의 말씀을 기억하라. 물리치기 힘든 유혹을 받고 있다면 우리에게 거룩을 요구하시는 말씀을 기억하고, 죄책감에 시달리고 있다면 죄 사함을 약속하신 말씀을 기억하라. "*10내가 전심으로 주를 찾았사오니 주의 계명에서 떠나지 말게 하소서 11내가 주께 범죄치 아니하려 하여 주의 말씀을 내 마음에 두었나이다*"(시 119:10-11).

거룩한 하나님의 말씀,
너무나 귀한 보물이 내게 있네.
그 말씀은 나의 창조주가 누구시며,
내가 어떤 존재인지,
신령한 기쁨은 어떤 것이며,
죄인의 결국이 어떠한지를 일러 준다네.
오 거룩한 하나님의 말씀,
너무나 귀한 보물이 내게 있네.

– 존 버튼(John Burton) –

• 믿음으로의 초대 •

글을 맺으며

8

성경을 교훈적인 책이라고는 믿지만 하나님의 말씀이라고는 믿지 않는 사람과 대화를 나눈 적이 있다. 그는 성경 기자들이 고정 관념에 사로잡혀 동성애자들을 저주하고, 6일간의 천지 창조 기사를 날조하였음이 분명하다고 주장하였다. 그러면서 그리스도인들이 성경은 창세기부터 요한계시록까지 모두 영감된 하나님의 말씀이라고 주장하기 때문에 자신은 기독교를 믿을 수 없다고 고백하였다.

나는 그에게 우선 요한복음을 하루에 한 장씩 읽어 보라고 권면하였다. 그리고 성경을 읽기 앞서 "하나님, 이 말씀이 과연 진리인지 아닌지 깨닫게 해주십시오"라고 기도하라고 조언하였다.

그 날 이후 아직 그 사람을 만나 보지 못했기 때문에 그가 성경을 읽고서 회심하였는지의 여부는 알지 못한다. 다만 이 사람의 경우에서도 알 수 있듯, 그리스도를 믿기 전에는 성경이 하나님의 무오한 말씀이란 사실을 믿지 못하는 것이 일반인들의 보편적 양상이다. 엄격한 부모 밑에서 기독교 교육을 받으며 자란 그 사람은 기독교 신앙이 너무 진부하며 편협하다고 생각해 자신은 결코 그리스도인이 되지 않겠다고 결심했다. 나는 그런 그에게 "당신이야말로 지금까지의 고정 관념을 버리고 새로운 시각으로 성경을 읽어보십시오"라고 권면하였다.

의심하기 때문에 진리를 탐구할 수 있으므로 의심 자체는 나쁜 것이 아니다. 그리스도인들 가운데 한때 신앙적으로 회의하며 갈등을 겪은 적이 없는 사람은 거의 없다. 그러나 그들 모두는 그리스도가 구주이심을 확신함에 따라 성경이 하나님의 말씀이란 사실도 자연적으로 믿게 되었다.

성경의 무오성에 대해 이해하기에 앞서 그리스도를 먼저 믿게 된 사람들이 많다. 성령께서 각 사람의 마음에 강권적으로 역사하시면 그 사람은 회개하고 영적으로 거듭나게 된다. 그리고서 점차 믿음이 성장함에 따라 성경이 하나님의 무오한 말씀이란 사실을 확신하게 된다.

의심의 종류에는 몇 가지가 있다. 첫째, 지적인 것이다. 사람들이 기독교를 믿지 않는 이유 중 하나는 성경이 하나님의 말씀임을 믿지 못하기 때문이다. 그들은 기독교 신앙의 골수분자들이 자신의 종교 사상을 전파하기 위해 날조한 이야기를 기록한 책이 성경이라고 생각한다.

둘째, 의지적인 것이다. 그리스도를 잘 믿을 수 있을 것 같은데도 이 핑계 저 핑계를 대면서 전혀 믿지 않는 사람들이 있다. 그들은 믿음과 불신의 갈림길에서 선뜻 결단을 내리지 못한 채 마냥 시간을 허비하고 있다.

셋째, 감정적인 것이다. 근심, 염려, 절망감, 죄책감 등에 사로잡혀 기독교 신앙에 대해 냉소적인 반응을 보이는 사람들이 있다. 개중에는 교회에 호기심을 보이는 사람들도 있지만 감정의 사슬에 발목이 묶여 결국 믿음의 길로 나아가지 못한다.

루이스는 이런 말을 하였다. "기독교 신앙의 진실성 여부에 대한 논란이 우리의 믿음을 위협하지는 않는다. 보다 심각한 위협거리는 진리 자체보다 인간의 이성(理性)을 더 중요시하는 인본주의적 풍조이다."[1)]

기독교 신앙을 믿고 싶은데도 뜻대로 되지 않는다면 그리스도를 바라보라. 우리의 구주이신 그리스도께선 우리를 속이는 분이 아니시다.

필립스(J. B. Phillips)의 저서 중에 「진리의 외침」(Ring of Ttuth)이란 책이 있다. 그는 이 책에서 그리스도의 진실한 모습을 깨닫게 된 자신의 체험에 대해 고백하고 있다.

> "성경을 연구하면 할수록 예수님의 진실한 모습을 보다 구체적으로 발견할 수 있다. 물론 나는 기독교회가 통상적으로 가르치고 예배하는 예수 그리스도를 경외한다. 그러나 복음서에 계시된 예수님은 우리가 일반적으로 이해하고 있는 것과는 전혀 다른 분이셨다. 주님은 이 세상에 계시는 동안 진리를 선포하는 것 외에 다른 일 을 하지 않으셨다. 그러자 진리를 거부한 당시 유대 종교 지도자들이 수단 방법을 가리지 않고 주님을 제거하려 들었다. 예수님을 십자가에 못 박은 자들은 교만과 위선이 가득한 인본주의자들이었다."[2)]

1) C. S. Lewis, "Religion: Reality or Substitute?" in *Christian Reflections*, ed. Walter Hooper(Grand Rapids: Eerdmans, 1967), 42–43.
2) J. B. Phillips, *Ring of Truth*(London: Hodder & Stoughton, 1967), 47–48.

성경이 완전 무오한 하나님의 말씀이란 사실을 믿으려면 '성경 영감설'을 이해하여야만 한다. 그러나 회의론자들은 '성경 영감설'에 대해 이해하기 앞서 그리스도가 어떤 분이신지를 깨닫고 먼저 그분을 믿어야 한다. 그러지 않는 한, 여러분 역시 그리스도를 십자가 형틀에 매단 후 그분의 손과 발에 편견과 지적 교만이란 쇠못을 박고 말 것이다.

> *"[54]예수께서 대답하시되 내가 내게 영광을 돌리면 내 영광이 아무 것도 아니거니와 내게 영광을 돌리시는 이는 내 아버지시니 곧 너희가 너희 하나님이라 칭하는 그이시라 [55]너희는 그를 알지 못하되 나는 아노니 만일 내가 알지 못한다 하면 나도 너희 같이 거짓말쟁이가 되리라 나는 그를 알고 또 그의 말씀을 지키노라 [56]너희 조상 아브라함은 나의 때 볼 것을 즐거워하다가 보고 기뻐하였느니라 [57]유대인들이 이르되 네가 아직 오십 세도 못되었는데 아브라함을 보았느냐 [58]예수께서 이르시되 진실로 진실로 너희에게 이르노니 아브라함이 나기 전부터 내가 있느니라 하시니"(요 8:54-58).*

이와 같이 말씀하시는 분이 예수님 외에 또 누가 있는가?

성경은 과연 믿을 만한가?

: 성경을 믿어야 하는 일곱 가지 이유

저자 | 어윈 루처

초판 1쇄 | 2000년 5월 8일
개정 1판 1쇄 | 2011년 8월 24일
개정 2판 1쇄 | 2024년 2월 29일

발행인 | 김경섭
국제총무 | 최복순
총무 | 김현욱
협동총무 | 김상현
편집부 | 고유영(편집실장), 김성경, 박은실
인쇄 | 영진문원

발행처 | 묵상하는사람들
등록번호 | 20-333
일부총판 | 생명의말씀사 Tel. (02) 3159-7979 Fax. 080-022-8585

주소 | 서울특별시 서초구 청룡마을길 8-1(신원동) (우) 06802
전화 | (02) 588-2218 팩스 | (02) 588-2268
홈페이지 | www.precept.or.kr
국민은행 431401-04-058116(프리셉트선교회)

값 11,000원
ISBN 978-89-8475-838-4 03230

독자 여러분의 의견을 기다립니다.
(02) 588-2218 / pmbook77@naver.com